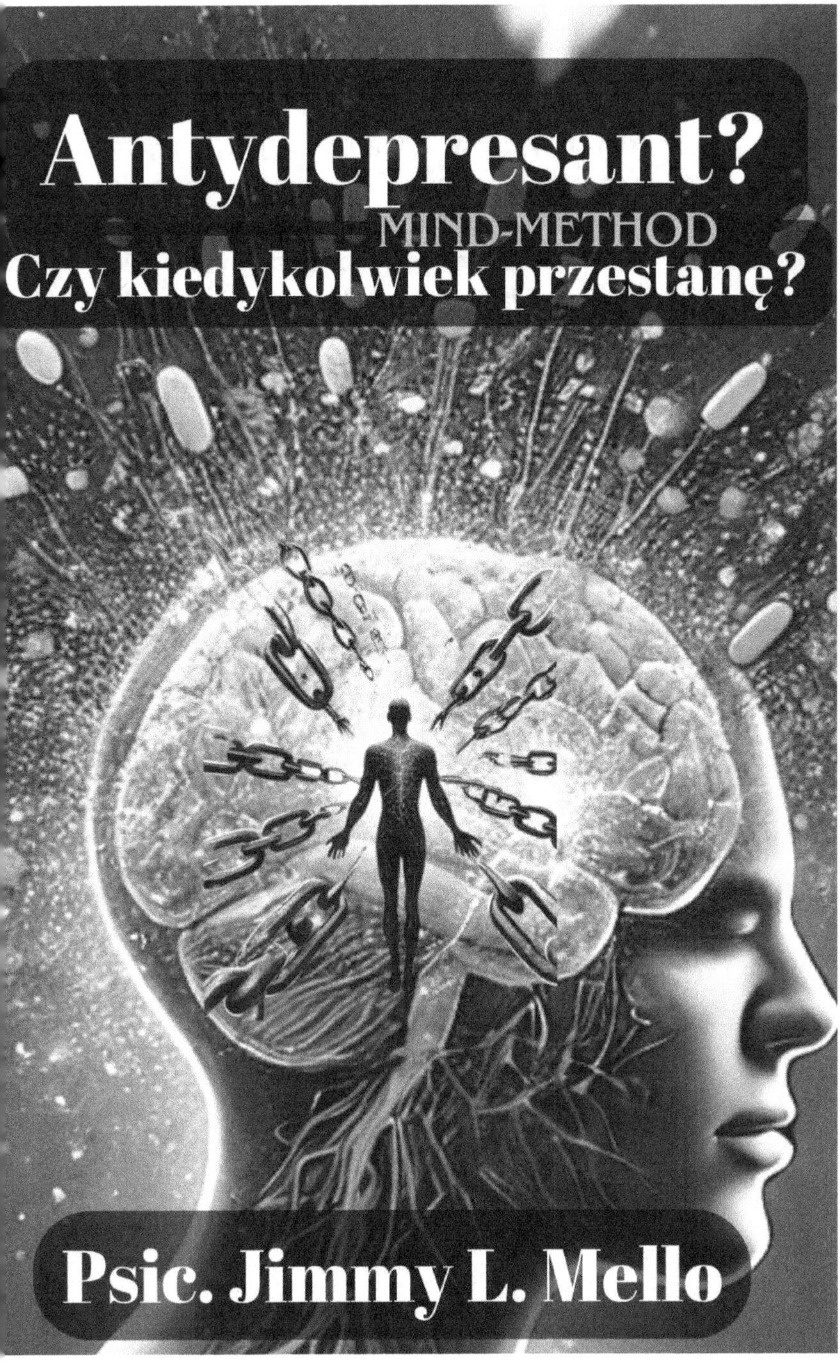

Antydepresant?

MIND-METHOD
Czy kiedykolwiek przestanę?

Psic. Jimmy L. Mello

Uwaga i zastrzeżenie:

W książce tej przedstawiono informacje na temat uzupełniających metod wspomagania odstawienia leków przeciwdepresyjnych. Metoda MIND jest podejściem eksperymentalnym i nie zastępuje diagnozy, leczenia ani porady lekarskiej. Wszystkie prezentowane treści służą celom edukacyjnym i nie należy ich interpretować jako porady lekarskiej. Istnieje specjalny rozdział z listami polecającymi skierowanymi do psychiatry i psychoanalityka, których celem jest ułatwienie dialogu pomiędzy pacjentem a zaangażowanymi pracownikami służby zdrowia. Metodę tę należy wykonywać pod nadzorem wykwalifikowanych specjalistów. Przed rozpoczęciem jakiejkolwiek opisanej praktyki lub suplementacji skonsultuj się z lekarzem lub psychiatrą w celu indywidualnej oceny i ciągłego monitorowania.

Antydepresant?

Czy kiedykolwiek przestanę?

Metoda MIND

Jimmy L. Mello

Antydepresant? Czy kiedykolwiek przestanę? Metoda MIND

Jimmy Lemos de Mello

ISBN: 9798346692539
Wydawca: MMO – Organizacja Mello Metoda

Prawo autorskie

Copyright © 2024 by Jimmy Lemos de Mello
Wszelkie prawa zastrzeżone. Żadna część tej publikacji nie może być powielana, przechowywana w systemie wyszukiwania ani przesyłana w jakikolwiek sposób, elektroniczny, mechaniczny, poprzez kserowanie, nagrywanie lub w inny sposób, bez uprzedniej pisemnej zgody autora.

Streszczenie

Metoda MIND: wielowymiarowe podejście do stopniowego odstawiania leków przeciwdepresyjnych przedstawia kompleksową, opartą na podstawach naukowych metodę wspierającą bezpieczne przejście pacjentów od leczenia przeciwdepresyjnego. Łącząc medycynę ortomolekularną, psychoterapię (CBT i psychoanalizę), naukę języka i dystansowanie emocjonalne, monitorowanie psychiatryczne i suplementację żywieniową, Metoda MIND oferuje skuteczną alternatywę dla powrotu do zdrowia i autonomii emocjonalnej. W pracy szczegółowo omówiono protokół stopniowego odstawiania leków, w tym wytyczne dla pracowników służby zdrowia, praktyki uzupełniające oraz spersonalizowane podejście uwzględniające zdrowie psychiczne i fizyczne pacjenta. Dzięki solidnym referencjom i przystępnym technikom książka proponuje drogę do niezależności od leków i promowania wszechstronnego dobrego samopoczucia.

Leki przeciwdepresyjne? Czy kiedykolwiek przestanę?

Metoda MIND: wielojęzyczna, wciągająca metoda neurokognitywnego oderwania się

(Metoda MIND: Wciągająca, wielojęzyczna metoda oderwania neurokognitywnego)

Prezentacja badania

Emocjonalny zakładnik i poszukiwanie autonomii

W ostatnich latach zdrowie psychiczne i poszukiwanie emocjonalnej autonomii stały się ważnymi i pilnymi tematami w społeczeństwie. Wiele osób długotrwale stosujących leki przeciwdepresyjne zastanawia się, czy kiedykolwiek będzie możliwe życie bez tych leków. Stan „emocjonalnego zakładnika", koncepcja rozwinięta na polu psychoanalitycznym, opisuje stan, w którym intensywne i uwarunkowane emocje więzią jednostkę w powtarzających się wzorcach cierpienia, lęku lub uzależnienia, utrwalając stosowanie leków w celu kontrolowania automatycznych reakcji. Książka ta, przedstawiając **Metodę MIND (Multilingual Immersive Neurocognitive Detachment Method)** , proponuje nową ścieżkę: ustrukturyzowaną metodologię wspartą podstawami naukowymi, mającą na celu zaoferowanie realnych alternatyw dla budowania autentycznej niezależności emocjonalnej.

Dla niektórych uzależnienie od leków przeciwdepresyjnych może stanowić bezpieczny zawór ucieczkowy, sposób na utrzymanie równowagi emocjonalnej i uniknięcie nawrotów depresji lub lęku. Jednakże w tej książce zauważono, że pomimo roli leków przeciwdepresyjnych we współczesnej psychiatrii wielu pacjentów pragnie odzyskać kontrolę nad swoimi reakcjami emocjonalnymi lub przynajmniej zmniejszyć ilość przyjmowanych leków. To właśnie z myślą o tej motywacji stworzono Metodę MIND: połączenie technik z **neuronauki, terapii poznawczo-behawioralnej (CBT)** i **psychoanalizy** , która wykorzystuje transformacyjną moc dwujęzyczności i neuroplastyczności do rekonfiguracji automatycznych reakcji emocjonalnych.

W trakcie tej lektury czytelnik odkryje podejście stopniowe, przypominające obieranie cebuli, w którym każdy rozdział przedstawia fundamentalny aspekt zrozumienia i zastosowania metody. W pierwszych rozdziałach zbadamy koncepcje teoretyczne i praktyczne podstawy neuroplastyczności i dwujęzyczności; W miarę postępów praktyki stają się coraz bardziej zintegrowane i ukierunkowane na emocjonalną autonomię. Każda nowa technika i nomenklatura są prezentowane sekwencyjnie, a na każdym nowym etapie są poprawiane i pogłębiane, tak aby ostatecznie czytelnik miał pełny obraz metody i propozycji terapeutycznej, jaką oferuje. Ostatecznie książka ta kończy się prezentacją Metody UMYSŁU w formie protokołu, ze szczegółowymi instrukcjami dla terapeutów i pacjentów.

Jak działa ta książka: podróż przez warstwy i samopoznanie

Ta książka to nie tylko przewodnik techniczny. Każdy rozdział został starannie skonstruowany tak, aby zabrać czytelnika w postępową podróż ku samowiedzy i emocjonalnej niezależności, podczas której koncepcje i techniki są omawiane warstwowo i stale przeglądane. Jest to interaktywne doświadczenie, podczas którego lektura sama w sobie zamienia się w praktyczny przegląd przedstawionych koncepcji, promując skumulowane uczenie się.

Blok pierwszy: neuroplastyczność i zakładnik emocjonalny

Wprowadzenie do koncepcji „zakładnika emocjonalnego" opiera się na założeniu, że wiele naszych zachowań i emocji wynika z uwarunkowanych wspomnień i reakcji, powstających z biegiem czasu i przechowywanych we wzorcach neuronowych. Neuroplastyczność, czyli zdolność mózgu do samoreorganizacji i tworzenia nowych połączeń, jest reklamowana jako potężne narzędzie zmian. Powołując się na badania neurobiologów, takich jak **Eric Kandel** , książka bada, w jaki sposób te nowe ścieżki neuronowe mogą zastąpić stare, nieprzystosowawcze reakcje automatyczne bardziej świadomymi, zrównoważonymi reakcjami emocjonalnymi.

W tej części czytelnik zrozumie, w jaki sposób neuroplastyczność staje się początkowym filarem tej metody, torując drogę do rekonfiguracji wzorców emocjonalnych sprzyjających uzależnieniu od leków przeciwdepresyjnych.

Blok drugi: krytyka i refleksje na temat uzależnienia od leków

Po drugie, książka porusza implikacje uzależnienia od narkotyków w kontekście współczesnej psychiatrii, podkreślając rolę leków przeciwdepresyjnych będących inhibitorami wychwytu zwrotnego serotoniny i noradrenaliny, takich jak **deswenlafaksyna (Pristiq)** i **wenlafaksyna** , a także inhibitorów wychwytu zwrotnego serotoniny dopaminy i noradrenaliny, takich jak **bupropion** (Wellbutrin, Zyban). Omawiając wyzwania i zalety tych leków, odnosimy się do punktu widzenia krytycznych myślicieli, takich jak **Thomas Szasz** , którzy kwestionują kontrolę sprawowaną przez psychiatrię nad ludzkim zachowaniem i ryzyko uzależnienia emocjonalnego.

Uznając znaczenie leków w wielu przypadkach, w tej części starano się zachęcić do etycznej i indywidualnej refleksji nad autonomią emocjonalną, proponując Metodę MIND jako alternatywę dla tych, którzy chcą ograniczyć lub zaprzestać stosowania leków przeciwdepresyjnych bez uszczerbku dla swojego zdrowia psychicznego.

Blok trzeci: dwujęzyczność i przeprogramowanie emocjonalne

Kolejna część książki przedstawia dwujęzyczność jako narzędzie terapeutyczne, w którym praktyka powracania do wspomnień i emocji w drugim języku pozwala na „znieczulenie emocjonalne". Badania przeprowadzone przez lingwistów, takich jak **Viorica Marian,** sugerują, że używanie języka obcego może zmniejszyć intensywność emocjonalną związaną ze wspomnieniami, ułatwiając restrukturyzację poznawczą. Zasób ten, wykorzystany w uporządkowany sposób, pozwala pacjentowi pracować z bolesnymi wspomnieniami i ograniczającymi przekonaniami bez emocjonalnego ciężaru języka ojczystego.

Czytelnik pozna techniki włączania dwujęzyczności do procesu terapeutycznego, sprzyjające oderwaniu emocjonalnemu i ułatwiające przeprogramowanie automatycznych reakcji, przy jednoczesnym ćwiczeniu zdolności mózgu do adaptacji do nowych reakcji emocjonalnych.

Rozdziały końcowe: Struktura metody i protokołu dla terapeutów i pacjentów

Na końcu książki Metoda MIND została przedstawiona w formie protokołu z praktycznymi instrukcjami zarówno dla terapeutów, jak i pacjentów. Protokół ten dotyczy stopniowego ograniczania stosowania leków przeciwdepresyjnych, określając konkretne okresy oceny i proponując harmonogram odstawienia, który musi być ściśle nadzorowany przez psychiatrę i terapeutę. Propozycja opiera się na badaniach empirycznych i raportach pacjentów, którzy zastosowali to podejście, aby ułatwić zmianę leczenia.

Ostatnia faza podkreśla znaczenie ciągłego monitorowania lekarskiego, szczególnie w pierwszym i drugim roku odstawienia, gdy ryzyko nawrotu może być większe.

Ważna uwaga

Chociaż struktura metody MIND opiera się na naukowo ugruntowanych teoriach i wsparciu empirycznym, jest to wciąż nowa metoda i jako taka może wiązać się z wyzwaniami i zmianami w reakcjach. Podejście to należy postrzegać jako wsparcie tradycyjnego leczenia i **w żadnym wypadku nie należy go stosować bez nadzoru wykwalifikowanego lekarza** .

Dla zapewnienia bezpieczeństwa i skuteczności konieczna jest obserwacja pacjenta przez **lekarza psychiatrę i terapeutów posiadających kwalifikacje w zakresie psychoanalizy i terapii poznawczo-behawioralnej** . Odstawienie leków przeciwdepresyjnych, takich jak **deswenlafaksyna, wenlafaksyna i bupropion,** wymaga ostrożnego, spersonalizowanego planu. Zaleca się, aby w pierwszym roku wizyty kontrolne u psychiatry odbywały się co cztery miesiące, następnie w drugim roku co pół roku, a od trzeciego co roku, w zależności od potrzeb i rozwoju pacjenta.

⚠ **Uwaga dotycząca marihuany medycznej** : W niektórych przypadkach użycie **marihuany medycznej** , zwłaszcza **kannabidiolu (CBD)** , może być omawiane jako suplement w celu złagodzenia objawów lęku lub stresu podczas odstawiania leków przeciwdepresyjnych. Jednakże używanie konopi indyjskich musi być zgodne z lokalnymi przepisami i zawsze nadzorowane przez lekarza. W szczególności CBD to niepsychoaktywny związek pochodzący z konopi indyjskich, który ma właściwości przeciwlękowe i może przyczyniać się do stabilności emocjonalnej w okresach przejściowych. Badania, takie jak te przeprowadzone przez **Crippę i in. (2018)** wskazują, że CBD może pomóc w regulacji układu endokannabinoidowego, zmniejszając objawy odstawienia i zapewniając dodatkowe wsparcie w przypadku odstawienia. Z drugiej strony, nie należy stosować tej metody w przypadku innych klas leków, takich jak benzodiazepiny (np. klonazepam/Rivotril), bez bezpośredniej porady psychiatry.

Podsumowując

Metoda MIND reprezentuje innowacyjne podejście, które łączy różne obszary wiedzy, aby zaoferować alternatywę dla emocjonalnej niezależności, szanując złożoność i indywidualność każdego przypadku. Prowadząc czytelnika przez podróż pełną odkryć, transformacji i przeformułowania, metoda ta pozwala mu na ponowną ocenę własnych doświadczeń emocjonalnych, oferując praktyczne i ustrukturyzowane wsparcie w budowaniu bardziej autonomicznego życia.

Blok 1: Neuroplastyczność i redefinicja mózgu w leczeniu depresji

Cel : Przedstawienie podstaw neuronaukowych potwierdzających możliwość „uczenia się" mózgu funkcjonowania bez leków przeciwdepresyjnych. Wyjaśnij, w jaki sposób neuroplastyczność umożliwia adaptację i rekonfigurację obwodów nerwowych przy wsparciu terapii poznawczo-behawioralnej i innych praktyk terapeutycznych.

Treść :

Neuroplastyczność i adaptacja neuronalna : Omów, jak mózg reaguje na stopniowe odstawianie leków przeciwdepresyjnych, reaktywując naturalne ścieżki regulacji emocjonalnej za pomocą terapii poznawczo-behawioralnej.

Użycie drugiego języka jako „znieczulenia emocjonalnego" : Wyjaśnij koncepcję „znieczulenia emocjonalnego" uzyskanego poprzez użycie języka obcego w terapii, które tworzy dystans emocjonalny poprzez dostęp do wspomnień i emocji w języku, który nie niesie ciężaru emocjonalnego języka ojczystego.

Konopie lecznicze jako wsparcie terapeutyczne : Zbadaj zastosowanie marihuany leczniczej w połączeniu z psychoterapią poznawczą i dwujęzycznością, aby złagodzić objawy w fazie przejściowej i promować stabilność emocjonalną aż do całkowitego zaprzestania stosowania leku przeciwdepresyjnego.

Oczekiwany wynik : Zaoferuj czytelnikowi wgląd w to, jak te praktyki mogą łącznie sprzyjać procesowi adaptacji neurologicznej i emocjonalnej, umożliwiając mózgowi stopniowe autonomiczne funkcjonowanie.

Blok 2: Krytyczna debata na temat stosowania farmakoterapii i terapii alternatywnych

Cel : Przedstawienie krytyki tradycyjnego podejścia do stosowania leków psychiatrycznych oraz zbadanie kwestii etycznych i filozoficznych związanych z leczeniem zdrowia psychicznego.

Treść :

Thomas Szasz i krytyka tradycyjnej psychiatrii : Przedstaw wizję Szasza, która kwestionuje patologizację zachowań i uzależnienie od leków, zachęcając do dyskusji na temat autonomii i moralności w terapiach.

Refleksja na temat roli farmakoterapii i alternatywnych rozwiązań uzupełniających : Omów stopień, w jakim uzależnienie od leków, takich jak leki przeciwdepresyjne, stanowi pomoc lub przeszkodę w prawdziwej autonomii emocjonalnej.

Moralny i kulturowy wpływ terapii : Przeanalizuj, jak moralność, społeczeństwo i wizja normalności wpływają na stosowanie leków i praktyki terapeutyczne, bez wchodzenia w „osąd moralny", ale oferując refleksję na temat wolności wyboru.

Oczekiwany wynik : Należy kontekstualizować dyskusję na temat terapii z lekami i bez nich, proponując krytyczne spojrzenie na konwencjonalne praktyki i torując drogę dla podejść, które w większym stopniu szanują indywidualność i autonomię pacjentów.

Blok 3: Dwujęzyczność i przeprogramowanie emocjonalne – stan wywołany uzdrawianiem

Cel : Zbadanie dwujęzyczności i jej wpływu na połączenia nerwowe i leczenie emocjonalne, prezentując ją jako narzędzie umożliwiające osiągnięcie stanu

„indukowanego uzdrowienia" poprzez połączenie neuroplastyczności i języka.

Treść :

Siła dwujęzyczności w przeprogramowaniu neuronowym : Zbadaj, w jaki sposób użycie drugiego języka aktywuje określone sieci neuronowe i pozwala pacjentowi na rekonfigurację swojego stanu emocjonalnego, zmniejszając obciążenie emocjonalne związane z językiem ojczystym.

Doświadczenia terapeutyczne z dwujęzycznością i powiązaniami emocjonalnymi : studia przypadków i techniki demonstrujące użycie języka dodatkowego do radzenia sobie z traumą i emocjami w kontrolowany sposób, „łagodząc" ciężar emocjonalny w kontekstach dwujęzycznych.

Integracja praktyk dwujęzycznych i CBT dla nowego stanu umysłu : Przedstaw praktyczne techniki, w których zastosowanie CBT w połączeniu z drugim językiem pomaga stworzyć nowe ścieżki neuronowe, które zapewniają stabilność emocjonalną i odporność.

Oczekiwany wynik : Zademonstrowanie, w jaki sposób dwujęzyczność może być nie tylko „uzupełnieniem", ale prawdziwym sposobem na budowanie nowych połączeń neuronowych, które skutkują lżejszym stanem emocjonalnym, zdolnym do utrzymania pacjenta bez uzależnienia od leków.

Metoda MIND :

Metoda MIND: wielojęzyczna, wciągająca metoda neurokognitywnego oderwania się

Wstęp

Leki przeciwdepresyjne: wolność czy uzależnienie?

Pomysł, że leki przeciwdepresyjne mogą być rozwiązaniem złożonych zaburzeń psychicznych, takich jak depresja, był szeroko dyskutowany przez ekspertów i badaczy. Jednocześnie wielu użytkowników zastanawia się: czy kiedykolwiek będę mógł przestać brać te leki? Pytanie wykracza poza użytek osobisty i wkracza w pole dyskusji na temat roli neuronauki w niezależności lub uzależnieniu generowanym przez te leki. W ostatnich latach, wraz z odkryciem nowych mechanizmów mózgowych, nauka zbliżyła się do odpowiedzi, które mogłyby zmienić nasze rozumienie zdrowia psychicznego i potrzeb w zakresie długoterminowych interwencji.

Neuroplastyczność: zdolność mózgu do adaptacji i reagowania

W centrum tej dyskusji leży koncepcja neuroplastyczności, czyli zdolności mózgu do samoreorganizacji, tworzenia nowych połączeń, a nawet naprawy uszkodzonych obwodów. Badania takie jak te przeprowadzone przez neurologa Erica Kandela wskazują, że mózg reaguje na naukę i doświadczenia zewnętrzne, dostosowując swoją strukturę fizyczną do nowych bodźców. W ten sposób neuroplastyczność może być ważnym sprzymierzeńcem w przywracaniu funkcji psychicznych i emocjonalnych. Ale jednocześnie pojawia się zasadnicze pytanie: czy leki przeciwdepresyjne, zmieniając neuroprzekaźniki, wpływają na naturalną zdolność mózgu do adaptacji i utrzymywania jego stabilności? Innymi słowy, czy po długotrwałym stosowaniu leków przeciwdepresyjnych mózg może samodzielnie odzyskać kontrolę nad swoimi funkcjami?

Leki przeciwdepresyjne i ich przemiany w mózgu

Ostatnie badania pokazują, że leki przeciwdepresyjne mogą wywierać znaczący wpływ na określone obszary mózgu, takie jak hipokamp i kora przedczołowa, czyli obszary związane z pamięcią, nastrojem i krytycznym myśleniem. Badania pokazują, że modulując neuroprzekaźniki, takie jak serotonina i noradrenalina, leki przeciwdepresyjne wpływają na neuroplastyczność tych obszarów. Jednak ta adaptacja może działać dwukierunkowo: mózg może dostosować się do ciągłej obecności leków, tworząc pewnego rodzaju uzależnienie w celu utrzymania tej nowej stabilności. Zjawisko to zostało opisane przez Roberta Whitakera jako „uzależnienie neurochemiczne", co oznacza, że w niektórych przypadkach odstawienie leku może wywołać tzw. „efekt odbicia", w którym objawy powracają ze zwiększoną intensywnością.

Zależność czy wolność? Wizja krytyczna Thomasa Szasza

Do najbardziej wymagających perspektyw należy perspektywa Thomasa Szasza, psychiatry i autora książki *„Mit choroby psychicznej"*. Szasz argumentował, że wiele zaburzeń psychicznych odzwierciedla konstrukty społeczne, a niekoniecznie choroby biologiczne wymagające leczenia. Według niego leki przeciwdepresyjne i inne leki psychotropowe mogą służyć raczej jako narzędzia kontroli społecznej niż prawdziwe lekarstwa. Pogląd ten jest kontrowersyjny, ale rodzi ważne pytanie etyczne: czy leki te sprzyjają prawdziwemu wyleczeniu, czy tylko maskują objawy, wywołując jednocześnie formę uzależnienia chemicznego?

Cykl uzależnienia i rola benzodiazepin

W wielu przypadkach leki przeciwdepresyjne przepisywane są razem z benzodiazepinami, takimi jak Rivotril (klonazepam), głównie w celu kontrolowania objawów lękowych. Jednak wspólne przepisywanie może zwiększać ryzyko uzależnienia, ponieważ wiadomo, że benzodiazepiny powodują tolerancję i trudności z odstawieniem. Heather Ashton, autorka podręcznika Ashton Manual, podkreśla znaczenie stopniowego odstawiania tych leków, aby zminimalizować ich wpływ na mózg i ułatwić bezpieczny powrót do zdrowia. Zatem długotrwałe stosowanie benzodiazepin rodzi istotne pytanie o ryzyko uzależnienia, które zagraża długoterminowemu zdrowiu psychicznemu.

Naturalne alternatywy i rola kanabidiolu (CBD)

W ostatnich latach kannabidiol (CBD), związek pochodzący z konopi indyjskich, okazał się obiecującą alternatywą w leczeniu lęku, bezsenności oraz pomaganiu w przechodzeniu i odstawianiu leków przeciwdepresyjnych i benzodiazepin. Wczesne badania sugerują, że CBD może złagodzić objawy odstawienia i zmniejszyć lęk bez skutków ubocznych i ryzyka uzależnienia, czyniąc go pomostem do życia mniej zależnego od leków psychotropowych. Ta naturalna alternatywa daje nadzieję tym, którzy szukają sposobu na życie bez ciągłego stosowania substancji syntetycznych, pozwalając mózgowi znaleźć formę naturalnej stabilności.

Nowa biologia umysłu: horyzont zdrowia psychicznego w XXI wieku

W ten sam sposób, w jaki biologia genów zmieniła naukę w XX wieku, biologia umysłu i postępy w neuronauce mogą zrewolucjonizować zdrowie psychiczne w XXI wieku. Dalsze badania neuroplastyczności i autonomii mózgu torują drogę terapiom uwzględniającym wrodzoną zdolność mózgu do adaptacji i samoregulacji. Przyszłość zdrowia psychicznego może leżeć w połączeniu praktyk integracyjnych, psychoterapii i wsparcia społecznego, które zachęcają do powrotu do zdrowia bez uzależnień. Rozumiejąc i promując potencjał samoregulacji mózgu, psychiatria może zaoferować metody leczenia, które priorytetowo traktują autonomię pacjenta i promują życie przy mniejszej interwencji leczniczej.

Celem tej książki jest przedstawienie opartej na dowodach i wnikliwej analizy możliwości osiągnięcia życia wolnego od leków przeciwdepresyjnych. Opierając się na wkładach uznanych badaczy i autorów, takich jak Whitaker, Kandel, Szasz i Ashton, praca bada przyszłość, w której zdrowie psychiczne będzie można utrzymać w autonomiczny i zrównoważony sposób. Czytelnik może zastanowić się: czy w najbliższej przyszłości biologia umysłu i terapie integracyjne mogą zastąpić leki przeciwdepresyjne i zapewnić mózgowi odnowioną zdolność do samoregulacji?

Emocjonalny zakładnik i poszukiwanie autonomii

Motywacja metody

W ostatnich latach nasiliły się poszukiwania zdrowia psychicznego i autonomii emocjonalnej. Coraz więcej osób zgłasza trudności w przerwaniu automatycznych cyklów emocjonalnych, które wydają się więzić je we wzorcach bólu, smutku i niepokoju. Zjawisko to opisują Leslie Cameron-Bandler i Michael Lebeau jako stan **„emocjonalnego zakładnika"** , w którym uwarunkowane i automatyczne reakcje uniemożliwiają jednostce osiągnięcie kontroli emocjonalnej i wolności (CAMERON-BANDLER; LEBEAU, 1993).

Psychoanaliza Freuda stanowi podstawę do zrozumienia tego stanu „emocjonalnego więzienia", traktując nieświadomość jako przestrzeń, w której znajdują się nierozwiązane wspomnienia i traumy. Te nieświadome treści, jeśli nie zostaną ponownie ocenione, mogą automatycznie i intensywnie wpływać na zachowanie i emocje, a osoba nie jest w pełni świadoma ich pochodzenia (FREUD, 1923). Freud sugeruje, że aby osiągnąć autonomię emocjonalną, konieczne jest wprowadzenie tych treści do świadomości, przedefiniowanie ich i reorganizacja reakcji emocjonalnych.

Koncepcja ta wpisuje się w wizję Viktora Frankla, który twierdził, że wolność emocjonalna jest nierozerwalnie związana z poszukiwaniem sensu. Frankl zaproponował, że cierpienie, jeśli zostanie zinterpretowane na nowo i włączone do szerszej wizji celu i odporności, może stać się źródłem wzrostu i przezwyciężenia (FRANKL, 1984). W **Metodzie MIND** poszukiwanie znaczenia jest zasadniczym filarem, ponieważ metoda ma na celu nie tylko przeprogramowanie automatycznych reakcji, ale także pomoc jednostce w przekształceniu bolesnych doświadczeń w znaczenie i cel.

Idea „emocjonalnego zakładnika" i emocji automatycznych

Pojęcie „zakładnika emocjonalnego" opisuje stan, w którym automatyczne emocje, często powiązane z negatywnymi doświadczeniami, dominują nad jednostką, zatrzymując ją w intensywnych i automatycznych reakcjach. Cameron-Bandler i Lebeau wyjaśniają, że bez odpowiedniego przeprogramowania te cykle emocjonalne powtarzają się i ograniczają zdolność jednostki do doświadczania pełni życia (CAMERON-BANDLER; LEBEAU, 1993). Idea ta jest powiązana z teorią Freuda, zgodnie z którą nieświadomość pełni rolę skarbnicy nierozwiązanych wspomnień i emocji, które kształtują nasze reakcje i reakcje, bez naszej kontroli nad nimi (FREUD, 1923).

Chociaż idea „wolności emocjonalnej" brzmi atrakcyjnie, ważne jest, aby odróżnić podejście Metodą MIND od uogólnionej krytyki psychiatrii lub leków. W wielu przypadkach farmakoterapia odgrywa istotną rolę w stabilizacji poważnych schorzeń i leczeniu depresji, lęku i innych zaburzeń. W czasach kryzysu leki takie jak trójpierścieniowe leki przeciwdepresyjne, Pristiq i bupropion są niezbędne, aby zapewnić pacjentowi minimalny poziom stabilności, który pozwala na zastosowanie innych praktyk terapeutycznych (KANDEL, 2006).

Jednak, jak ostrzega Thomas Szasz, ważne jest przyjęcie ostrożnego stanowiska w sprawie uzależnienia od narkotyków, kwestionowanie etykietek chorób i nadmiernej patologizacji ludzkich zachowań. Szasz sugeruje, że choć w wielu przypadkach konieczna jest interwencja farmakologiczna, istotne jest, aby jednostka zachowała swoją autonomię i unikała związku biernej zależności (SZASZ, 2010).

Zatem Metoda MIND nie jest proponowana jako „polowanie na czarownice" w poszukiwaniu leków, ale jako światełko w tunelu dla tych, którzy szukają autonomii. Metoda łączy w sobie to, co najlepsze w kilku obszarach, szanując psychiatrię i uznając wartość leków w razie potrzeby, oferując jednocześnie narzędzia i praktyki, które stopniowo umożliwiają jednostce osiągnięcie trwałej i niezależnej równowagi emocjonalnej.

Rola neuronauki, terapii poznawczo-behawioralnej i dwujęzyczności w transformacji emocjonalnej

Metoda **MIND** łączy neuronaukę, terapię poznawczo-behawioralną (CBT) i dwujęzyczność jako statyw mający na celu promowanie przeprogramowania reakcji emocjonalnych i pomoc w przejściu do życia mniej uzależnionego od leków. Te trzy elementy pozwalają jednostce przeformułować doświadczenia i rozwinąć adaptacyjne i autonomiczne reakcje emocjonalne.

Neuronauka i neuroplastyczność w stopniowym odstawianiu leków : Neuronauka stanowi podstawę do zrozumienia neuroplastyczności, czyli zdolności mózgu do tworzenia nowych połączeń i reorganizacji przez całe życie. Ta cecha jest niezbędna w Metodzie UMYSŁU, ponieważ pozwala mózgowi „oduczyć się" uwarunkowanych reakcji emocjonalnych i zbudować nowe sieci neuronowe, które wspierają równowagę emocjonalną. Ta adaptacja neuronowa jest szczególnie istotna dla osób w procesie stopniowego odstawiania leków przeciwdepresyjnych, takich jak leki trójpierścieniowe, Pristiq, bupropion i inne, ponieważ neuroplastyczność może pomóc mózgowi w spełnianiu roli tych leków (KANDEL, 2006).

Terapia poznawczo-behawioralna (CBT) : CBT oferuje zestaw technik, które pomagają pacjentowi zidentyfikować i zrestrukturyzować dysfunkcyjne wzorce myślenia i zachowania. W Metodzie MIND praktyki te pomagają jednostce obserwować i kwestionować jej automatyczne reakcje, promując głębsze zrozumienie własnych procesów emocjonalnych. Dzięki zastosowaniu terapii poznawczo-behawioralnej w drugim języku możliwe jest wzmocnienie dystansu emocjonalnego, co pomaga pacjentowi obserwować swoje reakcje z mniejszą intensywnością emocjonalną, tworząc tymczasowe „znieczulenie emocjonalne", które ułatwia przewartościowanie bolesnych wspomnień (BECK, 1979). .

Dwujęzyczność jako narzędzie emocjonalnego dystansu : Dwujęzyczność pozwala jednostce ponownie odwiedzać wspomnienia i emocje w drugim języku, co zmniejsza związany z nimi ładunek emocjonalny i ułatwia przeglądanie trudnych doświadczeń w bardziej kontrolowany sposób. Badacze tacy jak Pawlenko sugerują, że używanie języka obcego pomaga stworzyć dystans emocjonalny, umożliwiając pacjentowi podejście do bolesnych wspomnień z nowej perspektywy i mniejszego oddziaływania emocjonalnego (PAVLENKO, 2006; MARIAN, 2023). Zjawisko „znieczulenia emocjonalnego" ma fundamentalne znaczenie dla Metody MIND, ponieważ pomaga jednostce zrekonstruować wspomnienia i emocje bez ciągłej potrzeby wsparcia farmakologicznego.

Koncepcja autonomii emocjonalnej: droga do wyzwolenia i równowagi

jako ostateczny cel proponuje **autonomię emocjonalną**, stan, w którym jednostka jest w stanie nie tylko zarządzać swoimi emocjami, ale także przekształcać automatyczne reakcje w reakcje świadome i adaptacyjne. Autonomia emocjonalna to zdolność do utrzymania kontroli nad swoim stanem emocjonalnym, stopniowego uwalniania się od uzależnienia od leków i rozwijania trwałej i zrównoważonej samoregulacji.

W tym przypadku Metoda MIND przyjmuje zrównoważone i integrujące stanowisko. Choć ostatecznym celem jest autonomia, metoda ta nie proponuje całkowitego odrzucenia leków. Zamiast tego przedstawia się jako długoterminowa alternatywa, oferując narzędzia, które pozwalają pacjentowi stopniowo zmniejszać potrzebę interwencji farmakologicznej. Proces ten uwzględnia złożoność zaburzeń psychicznych i promuje stopniowe i wspomagane przejście, podczas którego jednostka, jeśli to możliwe, zastępuje wsparcie farmakologiczne praktykami promującymi neuroplastyczność i odporność emocjonalną.

Jak sugeruje Frankl, prawdziwa autonomia emocjonalna wykracza poza wolność od cierpienia; implikuje zdolność odnalezienia znaczenia i wartości we własnych doświadczeniach, przekształcając nawet cierpienie w źródło odporności i celu (FRANKL, 1984). Metoda MIND wpisuje się w tę wizję, sugerując, że wyzwolenie emocjonalne obejmuje nadawanie znaczenia doświadczeniom i przekształcanie ich w narzędzia osobistego rozwoju.

We współczesnym kontekście, gdzie częste jest uzależnienie od długotrwałego i farmakologicznego leczenia, Metoda MIND jawi się jako droga do autonomii. Neuronauka, terapia poznawczo-behawioralna i dwujęzyczność łączą się w innowacyjnym podejściu, którego celem jest nie tylko złagodzenie objawów emocjonalnych, ale także umożliwienie jednostce życia w równowadze, wolności emocjonalnej i odporności. Metoda ta szanuje psychiatrię i postęp w farmakoterapii, zapewniając jednocześnie nowe możliwości osobom poszukującym bardziej niezależnej emocjonalnie przyszłości.

Taki jest cel Metody MIND: **umożliwienie jednostce odzyskania kontroli emocjonalnej, zmiany konfiguracji skojarzeń emocjonalnych i prowadzenia bardziej świadomego i niezależnego życia** , przy wsparciu praktycznych i multidyscyplinarnych narzędzi, które czynią wolność emocjonalną realną możliwością.

Odniesienia bibliograficzne

CAMERON-BANDLER, Leslie; LEBEAU, Michael. *Emocjonalny zakładnik* . Artykuł redakcyjny Summusa, 1993.

FREUD, Zygmunt. *Ego i Id* . Edytor obrazu, 1923.

FRANKL, Viktor E. *W poszukiwaniu sensu* . Głosy, 1984.

KANDEL, Eric R. *W poszukiwaniu pamięci: pojawienie się nowej nauki o umyśle* . WW Norton & Company, 2006.

BECK, Aaron T. *Terapia poznawcza i zaburzenia emocjonalne* . Książki o pingwinach, 1979.

MARIAN, Viorica. *Potęga języka: jak język kształtuje nasze życie i zmienia świat* . Duttona, 2023.

PAWŁENKO, Aneta. *Dwujęzyczne umysły: doświadczenie emocjonalne, ekspresja i reprezentacja* . Sprawy wielojęzyczności, 2006.

SZASZ, Tomasz. *Mit choroby psychicznej* . Harper Bylina, 2010.

Część 1: Wprowadzenie do koncepcji zakładnika emocjonalnego

---

1. Wprowadzenie do koncepcji zakładnika emocjonalnego

Termin „zakładnik emocjonalny" został opracowany w celu opisania stanu psychicznego i emocjonalnego uwięzienia, w którym osoba zostaje uwięziona w automatycznych, reaktywnych i intensywnych reakcjach, które powstają jako nieświadoma reakcja na przeszłe doświadczenia. Koncepcja ta jest niezbędna do zrozumienia Metody UMYSŁU, ponieważ identyfikuje wspólną barierę, która uniemożliwia ludziom osiągnięcie prawdziwej autonomii emocjonalnej: powtarzanie głęboko zakorzenionych wzorców emocjonalnych, które powstają niemal automatycznie w odpowiedzi na obecne bodźce.

Geneza i definicja koncepcji

Idea bycia „emocjonalnym zakładnikiem" opiera się na zrozumieniu, że reakcje emocjonalne są w dużej mierze kształtowane przez przeszłe doświadczenia, które pozostawiły wspomnienia głęboko wyryte w umyśle. Według Leslie Cameron-Bandler i Michaela Lebeau stan ten charakteryzuje się powtarzalnym cyklem, w którym jednostka reaguje na sytuacje o nieproporcjonalnym ładunku emocjonalnym, często nie rozumiejąc przyczyn tej reakcji (CAMERON-BANDLER; LEBEAU, 1993). Zdaniem tych autorów koncepcja „zakładnika emocjonalnego" jest przydatna do zilustrowania automatycznej i restrykcyjnej natury reakcji emocjonalnych, które zachodzą na skutek nieświadomych wzorców.

Perspektywa psychoanalizy

Klasyczna psychoanaliza Freuda wskazała już, że nieświadomość zawiera wspomnienia i traumy, które wpływają na zachowanie, a jednostka nie jest świadoma ich pochodzenia. Freud opisał, w jaki sposób te wyparte wspomnienia powstają przez całe życie i jak mogą się ujawnić w chwilach stresu lub bezbronności, aktywując reakcje emocjonalne, które są poza świadomą kontrolą (FREUD, 1923). W tym kontekście koncepcja „zakładnika emocjonalnego" rozszerza koncepcję Freuda, sugerując, że te nierozwiązane wspomnienia i traumy nie tylko wpływają na jednostkę, ale „więzią" ją w cyklach emocjonalnych, które powtarzają się w czasie.

Dla Freuda te automatyczne reakcje emocjonalne są często nieświadomą obroną przed postrzeganymi zagrożeniami, opartą na bolesnych doświadczeniach, które jednostka stłumiła, aby uniknąć świadomego cierpienia. Jednakże, gdy te stłumione treści zostaną uruchomione, mogą wywołać intensywne i nieproporcjonalne reakcje. Jest to szczególnie istotne dla zrozumienia sposobu działania Metody MIND, ponieważ metodologia stara się stopniowo wydobywać te treści na powierzchnię i nadawać im nowe znaczenie, pomagając jednostce zrekonstruować swoje reakcje emocjonalne w zdrowszym kontekście.

Emocjonalny zakładnik z perspektywy współczesnej terapii poznawczo-
behawioralnej W terapii poznawczo-behawioralnej (CBT), która ma na celu identyfikację i modyfikację dysfunkcjonalnych wzorców myślenia i zachowania, pojęcie „zakładnika emocjonalnego" można rozumieć w kategoriach podstawowych przekonań i dysfunkcjonalnych schematów. Według Aarona Becka, jednego z założycieli terapii poznawczo-behawioralnej, głęboko zakorzenione negatywne przekonania stanowią podstawę automatycznych reakcji emocjonalnych. Przekonania te, które często zawierają myśli typu „nie

jestem wystarczający" czy „nie mogę ufać innym", stają się automatycznymi wskazówkami dotyczącymi tego, jak jednostka interpretuje świat (BECK, 1979; BECK, 2011).

Judith Beck, kolejne ważne odniesienie we współczesnej terapii poznawczo-behawioralnej, opisuje, że te główne przekonania, ukształtowane w dzieciństwie i okresie dojrzewania, stają się automatycznymi filtrami nowych doświadczeń. Zatem osoba, która głęboko wierzy w swoją nieadekwatność, po otrzymaniu łagodnej krytyki w pracy może doświadczyć intensywnego uczucia wstydu i upokorzenia, nawet jeśli krytyka jest konstruktywna. Te automatyczne wzorce tworzą „więzienie emocjonalne", w którym jednostka reaguje na bieżące wydarzenia nieproporcjonalnymi emocjami, opartymi na dysfunkcjonalnych interpretacjach (BECK, J., 2011).

Autorzy ci podkreślają, że automatyczne reakcje emocjonalne i leżące u ich podstaw przekonania można modyfikować poprzez interwencje poznawcze, które restrukturyzują sposób, w jaki jednostka postrzega swoje doświadczenia i otaczający ją świat. Metoda MIND jest inspirowana teoretycznymi podstawami terapii poznawczo-behawioralnej, ale idzie dalej, łącząc wykorzystanie dwujęzyczności i neuroplastyczności w celu przeformułowania reakcji emocjonalnych i promowania prawdziwego przeprogramowania reakcji automatycznych.

Wpływ stanu zakładnika emocjonalnego na życie codzienne

Bycie „zakładnikiem emocjonalnym" wiąże się ze znacznym ograniczeniem możliwości przeżywania życia w sposób pełny i satysfakcjonujący. Kiedy dana osoba reaguje automatycznie i intensywnie na pewne sytuacje, nie jest tak naprawdę obecna w chwili obecnej, ale raczej przeżywa na nowo przeszłe emocje. Te automatyczne reakcje mogą objawiać się jako:

- **Lęk w relacjach międzyludzkich** : Osoby, które doświadczyły odrzucenia, mogą czuć się stale zagrożone w nowych interakcjach, nawet bez obiektywnego powodu. Uniemożliwia im to nawiązywanie relacji w sposób otwarty i pełen zaufania.

- **Gniew i uraza** : Osoby, które przeżyły traumatyczne lub niesprawiedliwe doświadczenia, mogą reagować nieproporcjonalną złością na drobne konflikty, utrzymując stan ciągłej czujności i obrony.

- **Strach przed porzuceniem i nieufność** : Trauma porzucenia lub straty często generuje automatyczną nieufność i niepewne przywiązanie, co utrudnia danej osobie nawiązanie stabilnych i zdrowych relacji.

Przykłady te ilustrują, jak stan zakładnika emocjonalnego może ograniczyć zdolność jednostki do interakcji ze światem w sposób elastyczny i adaptacyjny. Metoda

MIND oferuje propozycję, która ma na celu przełamanie tych automatycznych cykli, umożliwiając jednostce odzyskanie kontroli nad swoimi emocjami i reakcjami.

Neuronauka jako narzędzie wyzwolenia

Z punktu widzenia neuronauki stan emocjonalnego zakładnika jest utrzymywany przez obwody neuronalne, które tworzyły się i wzmacniały przez całe życie. Obwody te, gdy zostaną ustanowione, aktywują automatyczne reakcje, które wydają się „wbudowane" w mózg, co utrudnia danej osobie zareagowanie inaczej, nawet gdyby tego chciała. Jednakże neuroplastyczność – zdolność mózgu do reorganizacji w odpowiedzi na nowe doświadczenia – oferuje potężną alternatywę w zakresie przekształcania tych obwodów.

Laureat Nagrody Nobla Eric Kandel wykazał, że neuroplastyczność umożliwia mózgowi tworzenie nowych połączeń, które mogą zastąpić stare wzorce, ułatwiając przeprogramowanie reakcji emocjonalnych i behawioralnych (KANDEL, 2006). W Metodzie MIND zasadę tę stosuje się, aby umożliwić jednostce oduczenie się dysfunkcyjnych reakcji emocjonalnych i zastąpienie tych wzorców nowymi obwodami, promując bardziej zrównoważoną reakcję emocjonalną.

Połączenie poznawczych interwencji CBT i emocjonalnego przeprogramowania poprzez neuroplastyczność stanowi innowacyjne i oparte na dowodach podejście do przełamywania stanu emocjonalnego zakładnika i osiągnięcia prawdziwej autonomii afektywnej. Wykorzystując dwujęzyczność i techniki samoregulacji emocjonalnej oferowane przez Metodę UMYSŁU, jednostka znajduje narzędzia pozwalające uwolnić się od nieświadomych wzorców i opracować nowy sposób przeżywania swoich emocji.

Odniesienia do rozdziałów

* BECK, Aaron T. *Terapia poznawcza i zaburzenia emocjonalne* . Książki o pingwinach, 1979.
* BECK, Aaron T.; ALFORD, Brad A. *Depresja: przyczyny i leczenie* . Wydawnictwo Uniwersytetu Pensylwanii, 2011.
* BECK, Judith S. *Terapia poznawczo-behawioralna: podstawy i nie tylko* . Guilford Press, 2011.
* CAMERON-BANDLER, Leslie; LEBEAU, Michael. *Emocjonalny zakładnik* . Artykuł redakcyjny Summusa, 1993.
* FREUD, Zygmunt. *Ego i Id* . Edytor obrazu, 1923.

- KANDEL, Eric R. *W poszukiwaniu pamięci: pojawienie się nowej nauki o umyśle* . WW Norton & Company, 2006.

---

2. Tworzenie automatycznych reakcji emocjonalnych

Tworzenie automatycznych reakcji emocjonalnych

Aby w pełni zrozumieć stan „emocjonalnego zakładnika" i jego wpływ na życie codzienne, konieczne jest zbadanie, w jaki sposób powstają i utrwalają się automatyczne reakcje emocjonalne. Reakcje te mają swoje źródło w intensywnych doświadczeniach emocjonalnych, często doświadczanych w dzieciństwie i okresie dojrzewania, kiedy mózg się rozwija i jest szczególnie wrażliwy na zdarzenia mające wpływ psychologiczny.

Podstawy formowania się emocji w psychoanalizie
Z punktu widzenia psychoanalitycznego nieświadomość odgrywa zasadniczą rolę w tworzeniu automatycznych reakcji. Freud opisuje nieświadomość jako rezerwuar wspomnień, traum i stłumionych pragnień, które w ukryty sposób nadal wywierają wpływ na jednostkę. Według Freuda wyparcie bolesnych wspomnień pozwala jednostce uniknąć świadomego cierpienia; jednakże te wyparte treści manifestują się na inne sposoby, często w reakcjach emocjonalnych, które wydają się „oderwane" od aktualnej rzeczywistości, ale które są powiązane z nieświadomymi skojarzeniami (FREUD, 1923). Zatem powstawanie automatycznych reakcji emocjonalnych można postrzegać jako mechanizm obronny, w którym nieświadomość stara się „chronić" jednostkę przed bezpośrednim cierpieniem, chociaż skutkuje to automatycznymi i nieproporcjonalnymi reakcjami emocjonalnymi na obecne bodźce.

Reakcje te mogą obejmować niepokój, strach, smutek, a nawet reakcje fizyczne, takie jak pocenie się, tachykardia i napięcie mięśni. Dla Freuda te „objawy" są przejawem nierozwiązanych konfliktów wewnętrznych, które należy uświadomić jednostce, aby osiągnęła prawdziwą wolność emocjonalną. W Metodzie MIND badanie i przeprogramowywanie tych reakcji odbywa się nie tylko poprzez dostęp do nieświadomości, ale głównie poprzez zastosowanie technik neuroplastyczności i terapii poznawczo-behawioralnej w celu rekonfiguracji wzorców reakcji emocjonalnych.

Rola ciała migdałowatego i hipokampa

Z punktu widzenia neuronauki automatyczne reakcje emocjonalne są podtrzymywane przez specyficzne obwody łączące ciało migdałowate i hipokamp, dwie kluczowe struktury układu limbicznego. Ciało migdałowate jest strukturą odpowiedzialną za wykrywanie zagrożeń i aktywację intensywnych reakcji emocjonalnych, podczas gdy hipokamp pełni funkcję przechowywania wspomnień i kontekstualizowania wydarzeń. Razem struktury te tworzą „emocjonalne skróty", które pozwalają mózgowi szybko reagować na bodźce przypominające poprzednie doświadczenia.

Na przykład osoba, która doświadczyła odrzucenia i porzucenia, może mieć intensywne wspomnienia związane z tymi emocjami. W obliczu sytuacji, która choćby w niewielkim stopniu przypomina te doświadczenia – np. kolegi, który nie odpowiada na SMS-a lub partnera, który wydaje się emocjonalnie odległy – ciało migdałowate może aktywować reakcję lęku lub złości, zanim dana osoba zdąży racjonalnie ocenić sytuację. sytuacja. Ten „skrót" występuje, ponieważ obwód ciała migdałowatego aktywuje się szybciej niż kora przedczołowa, obszar odpowiedzialny za refleksję i świadomą kontrolę (KANDEL, 2006).

Warunkowanie i wzmacnianie wzorców emocjonalnych

Powtarzanie tych automatycznych reakcji emocjonalnych w czasie tworzy zjawisko „warunkowania emocjonalnego", w którym mózg dostosowuje się do automatycznego reagowania na określone bodźce. Jest to zgodne z koncepcją „wzmocnienia emocjonalnego" opisaną przez Leslie Cameron-Bandler i Michaela Lebeau. W ich przypadku mózg uczy się wzmacniać określone reakcje emocjonalne w oparciu o przeszłe doświadczenia i powtarzające się wzorce reakcji, co tworzy „ścieżki emocjonalne", które stają się coraz łatwiejsze do aktywacji (CAMERON-BANDLER; LEBEAU, 1993).

To uwarunkowanie emocjonalne jest również zjawiskiem szeroko omawianym w terapii poznawczo-behawioralnej. Aaron Beck sugeruje, że gdy jednostka automatycznie reaguje na sytuacje, wzmacnia to zniekształcone przekonania i interpretacje, które leżą u podstaw tych reakcji emocjonalnych. Na przykład osoba, która wielokrotnie doświadcza poczucia opuszczenia, może ukształtować w sobie podstawowe przekonanie, że „ludzie zawsze będą mnie rozczarowywać" (BECK, 2011). Powtarzanie tych przekonań i reakcji tworzy cykl wzmocnień, podczas którego mózg ustanawia specyficzne połączenia neuronowe dla tych wzorców, co sprawia, że przeprogramowanie staje się jeszcze większym wyzwaniem.

Rola neuroplastyczności w przekształcaniu reakcji automatycznych

Neuroplastyczność to zdolność mózgu do modyfikowania połączeń neuronowych w odpowiedzi na nowe doświadczenia i naukę. W praktyce neuroplastyczność pozwala mózgowi „oduczyć się" automatycznych reakcji emocjonalnych i zastąpić te wzorce nowymi obwodami, które promują zdrowsze i bardziej adaptacyjne reakcje emocjonalne. Jednak ta transformacja wymaga konsekwentnych i ukierunkowanych praktyk, które zachęcają mózg do wzmacniania nowych połączeń i ograniczania aktywacji starych obwodów.

Eric Kandel, jeden z najwybitniejszych badaczy pamięci i uczenia się, wykazał, że neuroplastyczność zachodzi zarówno na poziomie strukturalnym, jak i funkcjonalnym, co oznacza, że mózg jest w stanie modyfikować nie tylko intensywność, ale także jakość reakcji emocjonalnych (KANDEL, 2006). W Metodzie MIND zastosowanie dwujęzyczności i praktyk CBT przyczynia się do aktywacji tej plastyczności, pomagając mózgowi oduczyć się intensywnych reakcji emocjonalnych i rozwinąć nową sieć bardziej kontrolowanych i świadomych reakcji.

Nowoczesna perspektywa CBT na uwarunkowanie i samoutrwalanie reakcji emocjonalnych

Współczesna CBT, reprezentowana przez prace Aarona Becka i Judith Beck, oferuje ustrukturyzowany pogląd na to, jak automatyczne myśli i podstawowe przekonania wpływają na reakcje emocjonalne. Zgodnie z tym podejściem myśli automatyczne to szybkie, nieświadome interpretacje, które pojawiają się w odpowiedzi na zdarzenie. Kiedy te myśli są zakorzenione w dysfunkcyjnych podstawowych przekonaniach, takich jak „nie nadaję się" lub „nie zasługuję na szczęście", wyzwalają automatyczne reakcje emocjonalne, które wzmacniają leżące u ich podstaw przekonania (BECK, 2011).

Judith Beck twierdzi, że samoutrwalanie się reakcji emocjonalnych ma miejsce, ponieważ jednostka, nie zdając sobie z tego sprawy, stale wzmacnia swoje podstawowe przekonania nowymi doświadczeniami, które są interpretowane w zniekształcony sposób. Przykładowo osoba, która uważa, że jest „niewystarczająco dobra", może interpretować każdą krytykę jako potwierdzenie tego przekonania, wzmacniając cykl niskiej samooceny i samokrytyki (BECK, J., 2011). To zrozumienie jest kluczowe dla Metody MIND, ponieważ podkreśla potrzebę narzędzi, które pomogą jednostce przerwać cykle wzmocnienia emocjonalnego i zbudować nowe ścieżki wspierające zdrowsze przekonania.

Znaczenie przerwania cyklu i zreformowania warunkowania

Metoda MIND oferuje podejście do przerwania tych cyklów warunkowania emocjonalnego poprzez praktyki integrujące neuronaukę, terapię poznawczo-behawioralną i dwujęzyczność. Przeprogramowując mózg, metoda ta pozwala jednostce przerwać cykle emocjonalnego samopodtrzymywania i rozwinąć większą zdolność adaptacyjną i świadomą reakcję. Proces ten obejmuje zarówno naukę nowych strategii poznawczych pozwalających radzić sobie z emocjami, jak i praktykę przeformułowania emocji, podczas której jednostka jest kierowana do przeglądu wspomnień i podstawowych przekonań przy użyciu drugiego języka, aby zmniejszyć obciążenie emocjonalne.

Zatem część poświęcona „Kształceniu się automatycznych reakcji emocjonalnych" pogłębia zrozumienie, w jaki sposób te reakcje są ustanawiane i utrwalane. Badając rolę nieświadomości, uwarunkowań emocjonalnych i neuroplastyczności, Metoda MIND oferuje teoretyczne i praktyczne podstawy do zrozumienia, w jaki sposób możliwa jest transformacja emocjonalna i w jaki sposób jednostka może uwolnić się od stanu „emocjonalnego zakładnika", aby żyć w lepszym sposób bardziej świadomy i niezależny.

Odniesienia do rozdziałów

BECK, Aaron T. *Terapia poznawcza i zaburzenia emocjonalne* . Książki o pingwinach, 1979.

BECK, Aaron T.; ALFORD, Brad A. *Depresja: przyczyny i leczenie* . Wydawnictwo Uniwersytetu Pensylwanii, 2011.

BECK, Judith S. *Terapia poznawczo-behawioralna: podstawy i nie tylko* . Guilford Press, 2011.

CAMERON-BANDLER, Leslie; LEBEAU, Michael. *Emocjonalny zakładnik* . Artykuł redakcyjny Summusa, 1993.

FREUD, Zygmunt. *Ego i Id* . Edytor obrazu, 1923.

KANDEL, Eric R. *W poszukiwaniu pamięci: pojawienie się nowej nauki o umyśle* . WW Norton & Company, 2006.

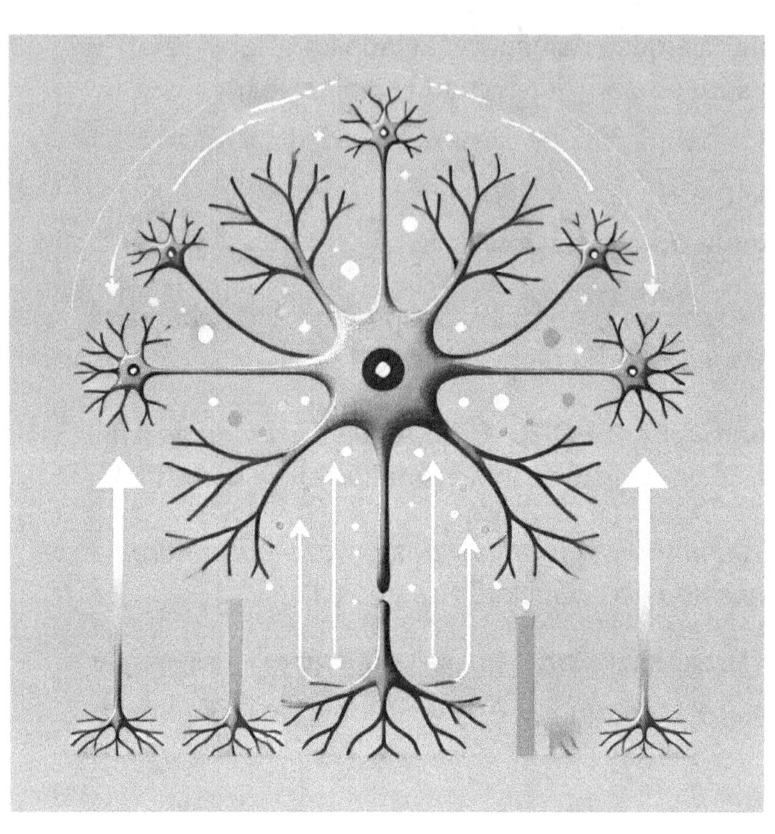

3. Reaktywność emocjonalna i cykle reakcji automatycznej

Automatyczne reakcje emocjonalne to intensywne reakcje powstające w odpowiedzi na zdarzenia lub bodźce przypominające przeszłe doświadczenia. Reakcje te zachodzą tak szybko i silnie, że jednostka często czuje, że nie jest w stanie ich kontrolować, wchodząc w cykl reakcji emocjonalnej, który staje się wzorcem powtarzalnego zachowania. Zjawisko to stanowi jeden z głównych elementów „emocjonalnego zakładnika" i charakteryzuje się samoutrwalaniem się automatycznych reakcji, które utrzymują jednostkę w ciągłym stanie emocjonalnej reaktywności i wrażliwości.

Koncepcja dysfunkcyjnego cyklu emocjonalnego
Dysfunkcjonalny cykl emocjonalny ma miejsce, gdy obecne doświadczenie wyzwala nieświadome wspomnienia i skojarzenia, które aktywują intensywną reakcję emocjonalną, często nieproporcjonalną do zdarzenia. Te automatyczne reakcje opierają się na przeszłych doświadczeniach i są wyzwalane przez układ limbiczny, który działa, zanim kora przedczołowa zdąży ocenić sytuację w sposób racjonalny i adaptacyjny. Cykl ten staje się dysfunkcjonalny, gdy intensywność emocji prowadzi do reakcji, która uniemożliwia jednostce świadome działanie, podsycając wzór reaktywności emocjonalnej.

Przykład cyklu emocjonalnego :
Wyobraź sobie, że osoba, która w przeszłości doświadczała ciągłego odrzucenia, staje w obliczu

sytuacji w pracy, w której kolega oferuje konstruktywną krytykę. Zamiast racjonalnie interpretować krytykę, osoba reaguje złością lub niepokojem, czując się zagrożona lub upokorzona. Po tej reakcji często pojawia się poczucie winy lub żalu, które wzmacniają niepewność i utrwalają cykl reaktywności. Z biegiem czasu mózg kojarzy krytykę z tymi negatywnymi emocjami, wzmacniając cykl emocjonalny i utrudniając jednostce inną reakcję w przyszłych podobnych interakcjach.

Neuronauka o reaktywności emocjonalnej

Z neurobiologicznego punktu widzenia reaktywność emocjonalna jest zakorzeniona w interakcji pomiędzy ciałem migdałowatym, odpowiedzialnym za szybkie i intensywne reakcje na bodźce emocjonalne, a korą przedczołową, odpowiedzialną za kontrolowanie i regulowanie reakcji. Ciało migdałowate jest pierwszą strukturą, która reaguje na bodźce emocjonalne, wysyłając sygnały ostrzegawcze i aktywując współczulny układ nerwowy. Ta reakcja jest niezbędna do przetrwania, ponieważ pozwala jednostce szybko reagować na zagrożenia; jednakże w sytuacjach niskiego zagrożenia nadmierna aktywacja ciała migdałowatego staje się szkodliwa, powodując nieproporcjonalne reakcje emocjonalne.

Rola kory przedczołowej :

Kora przedczołowa, zlokalizowana w czołowej części mózgu, to obszar regulujący impulsywność i kontrolę emocjonalną. Uruchamia się po uruchomieniu ciała migdałowatego, oceniając sytuację i modulując reakcję emocjonalną w oparciu o rozum i doświadczenie. Jednakże aktywacja ciała migdałowatego jest tak szybka, że kora przedczołowa często nie jest w stanie interweniować na czas, aby zmniejszyć intensywność emocjonalną. Zatem w sytuacjach intensywnej reaktywności emocjonalnej jednostka jest „zdana na łaskę" swojej reakcji limbicznej, która ogranicza jej zdolność do reagowania w sposób adaptacyjny i świadomy (KANDEL, 2006).

Związek ze stanem emocjonalnego zakładnika :
Ta szybka aktywacja ciała migdałowatego i trudność kory przedczołowej w powstrzymywaniu automatycznych reakcji emocjonalnych stwarzają stan, w którym jednostka staje się „zakładnikiem" własnych emocji. Aktywowany przez ciało migdałowate współczulny układ nerwowy generuje reakcje fizjologiczne, takie jak przyspieszenie akcji serca, pocenie się i napięcie mięśni, które potęgują poczucie zagrożenia i utrwalają stan czujności emocjonalnej. Ten mechanizm reakcji staje się problematyczny, gdy zachodzi w sytuacjach niskiego ryzyka lub niestanowiących realnego zagrożenia, ponieważ utrzymuje jednostkę w stanie chronicznej reaktywności.

Samonapędzające się cykle reakcji emocjonalnych
Cykle reaktywności emocjonalnej stają się

samonapędzającymi się, ponieważ za każdym razem, gdy dana osoba reaguje automatycznie, mózg wzmacnia połączenia neuronowe związane z tą konkretną reakcją. Proces ten jest przejawem zjawiska neuroplastyczności, podczas którego mózg wzmacnia często używane obwody, tworząc „emocjonalne skróty", które ułatwiają aktywację automatycznych reakcji. Oznacza to, że z biegiem czasu reakcja emocjonalna staje się łatwiejsza i szybsza do wywołania, co skutkuje powtarzalnym schematem, który trudno zatrzymać.

Rola powtarzania i wzmacniania :
Aaron Beck opisuje, że w przypadku lęku lub depresji jednostka często interpretuje swoje doświadczenia w oparciu o negatywne, automatyczne myśli i przekonania, które wzmacniają dysfunkcyjne reakcje emocjonalne. Według niego za każdym razem, gdy jednostka reaguje na wydarzenie w sposób automatyczny, wzmacnia leżące u jej podstaw przekonania, takie jak „nie jestem godzien bycia kochanym" czy „nie mogę ufać ludziom". Przekonania te służą z kolei jako filtry nowych doświadczeń, co jeszcze bardziej zwiększa prawdopodobieństwo automatycznej reakcji emocjonalnej (BECK, 2011).

Warunkowanie klasyczne i reakcje automatyczne :
Tworzenie się pętli reakcji emocjonalnych można również rozumieć w kategoriach warunkowania klasycznego, w którym mózg kojarzy określony bodziec – taki jak

krytyczny ton głosu – z reakcją emocjonalną, taką jak złość lub smutek. Ta uwarunkowana reakcja jest tak automatyczna, że jednostka reaguje bez interwencji świadomości, przeżywając ponownie tę samą emocję, nawet jeśli bieżący kontekst różni się od pierwotnego wydarzenia. Proces ten wzmacnia „emocjonalne skróty" i utrzymuje jednostkę w pułapce cykli emocjonalnych, które nie odzwierciedlają obecnej rzeczywistości, ale raczej przeszłych uwarunkowań.

Potrzeba narzędzi do przełamywania wzorców reaktywności emocjonalnej
Aby przerwać te cykle reaktywności, potrzebna jest metoda, która bezpośrednio interweniuje w automatyczne obwody emocjonalne i oferuje alternatywę dla reakcji reaktywnej. Metoda MIND proponuje zestaw zintegrowanych narzędzi, obejmujących praktyki neuronauki, terapię poznawczo-behawioralną i dwujęzyczność, które pozwalają jednostce na zmianę wzorców emocjonalnych i rozwinięcie większej zdolności do samoregulacji emocjonalnej.

Przeprogramowanie emocjonalne poprzez neuroplastyczność :
Metoda MIND wykorzystuje neuroplastyczność jako narzędzie do przeprogramowania emocjonalnego. Obejmuje to praktyki promujące tworzenie nowych

obwodów neuronowych, zdolnych do zastąpienia starych wzorców reakcji bardziej świadomymi i zrównoważonymi reakcjami. Przykładem tego jest ćwiczenie rekontekstualizacji emocjonalnej, podczas którego jednostka powraca do bolesnych wspomnień, używając drugiego języka. Ćwiczenie to pomaga zmniejszyć związane z tym obciążenie emocjonalne, promując dystans emocjonalny i ułatwiając przeformułowanie doświadczenia.

Integracja terapii poznawczo-behawioralnej i dwujęzyczności w celu zmniejszenia reaktywności :
Terapia poznawczo-behawioralna w kontekście Metody MIND jest stosowana, aby pomóc jednostce zidentyfikować i przeformułować jej dysfunkcjonalne podstawowe przekonania, które często podsycają cykle reaktywności emocjonalnej. Integracja dwujęzyczności służy zwiększeniu dystansu emocjonalnego, zmniejszeniu intensywności automatycznych reakcji i umożliwieniu jednostce refleksji w bardziej racjonalny i zrównoważony sposób. Kiedy osoba wyraża wspomnienie lub emocję w drugim języku, aktywują obszary mózgu, które ułatwiają refleksję i zmniejszają intensywność emocjonalną, umożliwiając bardziej obiektywną i mniej reaktywną perspektywę (PAVLENKO, 2006; MARIAN, 2023).

Reaktywność emocjonalna i automatyczne cykle reakcji

stanowią jedną z głównych przeszkód na drodze do wolności emocjonalnej. Koncepcja „emocjonalnego zakładnika" oddaje stan, w którym jednostka, nie zdając sobie z tego sprawy, zostaje uwięziona w emocjonalnej pułapce, która wzmacnia się z każdą nową automatyczną reakcją. Jednakże, stosując Metodę UMYSŁU, jednostka może przerwać te cykle i rozwinąć adaptacyjne reakcje emocjonalne. Metodologia ta oferuje praktyczne, oparte na neuronauce rozwiązanie umożliwiające przekształcenie reaktywności emocjonalnej w bardziej świadomą i kontrolowaną reakcję.

Odniesienia do rozdziałów

BECK, Aaron T. *Terapia poznawcza i zaburzenia emocjonalne* . Książki o pingwinach, 1979.

BECK, Aaron T.; ALFORD, Brad A. *Depresja: przyczyny i leczenie* . Wydawnictwo Uniwersytetu Pensylwanii, 2011.

BECK, Judith S. *Terapia poznawczo-behawioralna: podstawy i nie tylko* . Guilford Press, 2011.

CAMERON-BANDLER, Leslie; LEBEAU, Michael. *Emocjonalny zakładnik* . Artykuł redakcyjny Summusa, 1993.

FREUD, Zygmunt. *Ego i Id* . Edytor obrazu, 1923.

KANDEL, Eric R. *W poszukiwaniu pamięci: pojawienie się nowej nauki o umyśle* . WW Norton & Company, 2006.

MARIAN, Viorica. *Potęga języka: jak język kształtuje nasze życie i zmienia świat* . Duttona, 2023.

PAWŁENKO, Aneta. *Dwujęzyczne umysły: doświadczenie emocjonalne, ekspresja i reprezentacja* . Sprawy wielojęzyczności, 2006.

---

4. Neuroplastyczność jako droga do wyzwolenia

Neuroplastyczność, zdolność mózgu do reorganizacji przez całe życie, stanowi jedno z najbardziej rewolucyjnych odkryć współczesnej neuronauki. Podważa długo utrzymywany pogląd, że mózg dorosłego człowieka jest zasadniczo „ustalony" i niezdolny do tworzenia nowych połączeń. Dziś wiemy, że dzięki odpowiednim praktykom mózg może „oduczyć się" dysfunkcyjnych wzorców emocjonalnych i rozwinąć nowe obwody, które wspierają bardziej adaptacyjne i świadome reakcje emocjonalne. Ta plastyczna właściwość mózgu jest jednym z filarów metody MIND, która wykorzystuje neuroplastyczność jako główne narzędzie do przekształcania stanu „emocjonalnego zakładnika".

Pojęcie neuroplastyczności i jej implikacje
Neuroplastyczność to zdolność mózgu do modyfikowania połączeń neuronowych w odpowiedzi na nowe doświadczenia, uczenie się i powtarzane praktyki. Eric Kandel, jeden z pionierów badań neuroplastyczności, wykazał, że tworzenie nowych wspomnień i uczenie się zależą od plastyczności synaptycznej – zdolności synaps do wzmacniania się lub osłabiania w zależności od częstotliwości używania (KANDEL, 2006). Odkrycie to wskazuje, że obwody nerwowe powiązane z automatycznymi reakcjami emocjonalnymi można modyfikować lub zastępować poprzez powtarzanie nowych praktyk, co ułatwia przeprogramowanie emocjonalne.

Dla „emocjonalnego zakładnika" neuroplastyczność stanowi realne rozwiązanie, ponieważ pozwala mózgowi „oduczyć się" automatycznych reakcji, które podtrzymują cykl reaktywności emocjonalnej. Metoda MIND bada tę właściwość, stosując praktyki, które pomagają jednostce rozwinąć nowe wzorce emocjonalne i behawioralne, które umożliwiają bardziej zrównoważoną i świadomą reakcję emocjonalną.

Przeprogramowanie neuronowe i transformacja reakcji automatycznych

Przeprogramowanie neuronowe polega na zastąpieniu ścieżek neuronowych związanych z automatycznymi reakcjami emocjonalnymi nowymi połączeniami, które promują bardziej adaptacyjną reakcję. Obejmuje to ćwiczenie technik zachęcających mózg do tworzenia i wzmacniania nowych obwodów, co zmniejsza aktywację starych obwodów reaktywnych. Podejście to jest zgodne z zasadą Hebba, która sugeruje, że „neurony, które uruchamiają się razem, łączą się ze sobą" (uczenie się hebskie). Zatem ćwicząc nowe reakcje emocjonalne, mózg wzmacnia obwody powiązane z tymi nowymi wzorcami, promując samoregulację emocjonalną i odporność.

Praktyczny przykład emocjonalnego przeprogramowania za pomocą Metody UMYSŁ :

Powszechnym ćwiczeniem Metody UMYSŁU jest ćwiczenie „rekontekstualizacji emocjonalnej" w drugim języku. Osoba powraca do bolesnych wspomnień lub dysfunkcjonalnych przekonań, używając języka, który nie jest bezpośrednio powiązany z jej doświadczeniami emocjonalnymi. Praktyka ta zmniejsza obciążenie emocjonalne i ułatwia nabranie dystansu niezbędnego do przewartościowania i nadania nowego znaczenia pamięci. Używanie drugiego języka jest szczególnie skuteczne, ponieważ zmniejsza automatyczną reakcję ciała migdałowatego, umożliwiając korze przedczołowej bardziej proaktywne działanie w przetwarzaniu emocji (MARIAN, 2023; PAVLENKO, 2006).

Ćwiczenie Świadomej Refleksji :

Metoda UMYSŁU obejmuje ćwiczenie świadomej refleksji, podczas którego jednostka ćwiczy identyfikowanie i nazywanie swoich emocji w miarę ich pojawiania się. Praktyka ta pomaga wzmocnić obwody związane z korą przedczołową, która reguluje i moderuje reakcje emocjonalne. Z biegiem czasu praktyka ta pozwala jednostce stać się bardziej świadomą swoich reakcji, dzięki czemu łatwiej jest przerwać automatyczne reakcje i wybrać bardziej kontrolowane reakcje.

Neuroplastyczność i rola powtarzalnych ćwiczeń

Aby proces przeprogramowania neuronowego był skuteczny, konieczne jest, aby jednostka wielokrotnie ćwiczyła nowe reakcje emocjonalne. Ciągłe powtarzanie wzmacnia nowe połączenia synaptyczne i osłabia stare, dzięki czemu mózg częściej reaguje adaptacyjnie niż reaktywnie. W Metodzie MIND praktyki przeformułowania emocji i świadomej regulacji zostały zaprojektowane tak, aby można je było włączyć do codziennej rutyny jednostki, co ułatwia konsolidację nowych obwodów.

Znaczenie trwałości w transformacji emocjonalnej :
Badania pokazują, że neuroplastyczność jest bardziej skuteczna, gdy praktyki przeprogramowania neuronowego są utrzymywane w czasie. Kandel wykazał, że połączenia neuronowe wzmacniają się w wyniku powtarzanej praktyki, a nowe nawyki emocjonalne wymagają konsekwencji, aby stare obwody straciły siłę. W kontekście Metody UMYSŁU, wytrwałość jest niezbędna, aby mózg mógł zastąpić stare automatyczne reakcje nowymi, zdrowszymi i bardziej kontrolowanymi reakcjami emocjonalnymi (KANDEL, 2006).

Odporność emocjonalna i budowa nowych obwodów
Neuroplastyczność nie tylko umożliwia przeprogramowanie emocjonalne, ale także promuje odporność emocjonalną. W miarę jak jednostka ćwiczy nowe reakcje i buduje bardziej adaptacyjne obwody, rozwija zdolność reagowania na przeciwności losu w zrównoważony i świadomy sposób. Ta odporność jest jednym z głównych celów Metody MIND, której celem jest umożliwienie jednostkom radzenia sobie z intensywnymi emocjami bez stania się ich „zakładnikami". Tworząc nowe obwody neuronowe, jednostka nie tylko przekształca swoje reakcje, ale także staje się silniejsza emocjonalnie, zyskując większą

autonomię i kontrolę nad swoimi reakcjami emocjonalnymi.

Ćwiczenia odporności emocjonalnej :
Metoda MIND obejmuje ćwiczenia pomagające rozwijać odporność emocjonalną, takie jak praktyka „przestrzeni reakcji". Ćwiczenie to polega na szkoleniu pacjenta w zakresie świadomego zatrzymywania się przed emocjonalną reakcją na bodziec. Podczas tej przerwy poinstruowano go, aby obserwował sytuację i oceniał swoje emocje, co zachęca do refleksji przed udzieleniem odpowiedzi. Praktyka ta wzmacnia korę przedczołową i pomaga zmniejszyć aktywację ciała migdałowatego, ułatwiając bardziej świadomą i mniej reaktywną reakcję emocjonalną.

Zakończenie Sekcji i Integracja z Metodą MIND
Neuroplastyczność jest naukową podstawą umożliwiającą wyzwolenie się ze stanu „emocjonalnego zakładnika". Metoda MIND wykorzystuje specyficzne praktyki ułatwiające przeprogramowanie neuronów, oferując indywidualne narzędzia, które pomagają im przekształcić automatyczne reakcje emocjonalne w reakcje świadome i adaptacyjne. Odporność emocjonalna rozwinięta dzięki tym praktykom stanowi

jedną z największych korzyści tej metody, umożliwiając jednostce radzenie sobie ze swoimi emocjami w sposób zrównoważony i niezależny.

Badając neuroplastyczność, Metoda MIND proponuje podejście oparte na dowodach, które oferuje praktyczne i dostępne rozwiązanie kontroli emocji. Ten proces przeprogramowania jest niezbędny, aby jednostka mogła osiągnąć prawdziwą autonomię emocjonalną, bez ciągłego uzależnienia od zewnętrznych interwencji lub leków.

Odniesienia do rozdziałów

BECK, Aaron T. *Terapia poznawcza i zaburzenia emocjonalne* . Książki o pingwinach, 1979.

BECK, Aaron T.; ALFORD, Brad A. *Depresja: przyczyny i leczenie* . Wydawnictwo Uniwersytetu Pensylwanii, 2011.

BECK, Judith S. *Terapia poznawczo-behawioralna: podstawy i nie tylko* . Guilford Press, 2011.

CAMERON-BANDLER, Leslie; LEBEAU, Michael. *Emocjonalny zakładnik* . Artykuł redakcyjny Summusa, 1993.

FREUD, Zygmunt. *Ego i Id* . Edytor obrazu, 1923.

KANDEL, Eric R. *W poszukiwaniu pamięci: pojawienie się nowej nauki o umyśle* . WW Norton & Company, 2006.

MARIAN, Viorica. *Potęga języka: jak język kształtuje nasze życie i zmienia świat* . Duttona, 2023.

PAWŁENKO, Aneta. *Dwujęzyczne umysły: doświadczenie emocjonalne, ekspresja i reprezentacja* . Sprawy wielojęzyczności, 2006.

Streszczenie: Zrozumienie zakładnika emocjonalnego – teoria i rzeczywistość

---

1. Wprowadzenie do koncepcji zakładnika emocjonalnego

-Definicja i znaczenie „zakładnika emocjonalnego".

-Psychoanalityczne i nowoczesne podstawy CBT do zrozumienia reakcji automatycznych.

-Praktyczne przykłady reaktywności emocjonalnej.

-Główne źródła: Freud, Cameron-Bandler i Lebeau, Beck.

2. Tworzenie automatycznych reakcji emocjonalnych

Rola obwodów nieświadomych i emocjonalnych w kształtowaniu reakcji automatycznych.

Znaczenie ciała migdałowatego i hipokampu we wzmacnianiu reakcji emocjonalnych.

Jak neuronauka i terapia poznawczo-behawioralna wyjaśniają warunkowanie emocjonalne.

Główne odniesienia: Freud, Beck, Kandel.

3-Reaktywność emocjonalna i cykle reakcji automatycznych

Cykl reaktywności emocjonalnej i jego wpływ na stan „emocjonalnego zakładnika".

Rola ciała migdałowatego i kory przedczołowej w modulowaniu reakcji automatycznych.

Narzędzia metody MIND do przerywania cykli reaktywności emocjonalnej.

Główne źródła: Beck, Kandel, Pawlenko.

4-Neuroplastyczność jako droga do wyzwolenia

Definicja i implikacje neuroplastyczności dla „emocjonalnego zakładnika".

Praktyki przeprogramowania neuronowego metodą MIND, w tym dwujęzyczność i świadoma refleksja.

Rozwój odporności emocjonalnej w ramach transformacji obwodów neuronalnych.

Główne źródła: Kandel, Marian, Pawlenko.

Punkt kontrolny 1: Podstawowe pojęcia – neuroplastyczność i „emocjonalny zakładnik"

Podsumowanie głównych koncepcji:

- **Neuroplastyczność** : zdolność mózgu do tworzenia nowych połączeń i „uczenia się na nowo" zachowań i reakcji emocjonalnych.
- **Zakładnik emocjonalny** : stan, w którym osoba jest „uwięziona" przez automatyczne i intensywne reakcje emocjonalne wynikające z traumy lub uwarunkowań.
- **Cel rozdziału** : Zrozumienie, w jaki sposób neuroplastyczność może pomóc uwolnić jednostkę od automatycznych wzorców i promować bardziej adaptacyjną reakcję emocjonalną.

Pytania do refleksji:

1. Czym jest neuroplastyczność i jak wpływa na naszą zdolność do zmian emocjonalnych?

2.   Czy potrafisz zidentyfikować jakieś automatyczne zachowanie lub reakcję emocjonalną, które chciałbyś zmienić?

3.   Jak koncepcja „emocjonalnego zakładnika" wiąże się z Twoimi codziennymi doświadczeniami emocjonalnymi?

Rozdział 2: Terapia poznawczo-behawioralna i restrukturyzacja automatycznych przekonań

1.   Wprowadzenie do terapii poznawczo-behawioralnej (CBT)

Terapia poznawczo-behawioralna (CBT) jest jedną z najczęściej badanych i skutecznych metod leczenia zaburzeń emocjonalnych, takich jak lęk i depresja. Opracowana pierwotnie przez Aarona Becka w latach 60. XX wieku, podstawowa zasada terapii poznawczo-behawioralnej opiera się na założeniu, że myśli, emocje i zachowania są ze sobą powiązane. Według Becka wiele negatywnych stanów emocjonalnych ma swoje źródło w automatycznych myślach i dysfunkcyjnych podstawowych przekonaniach, które zniekształcają postrzeganie rzeczywistości i wywołują nieproporcjonalne reakcje emocjonalne (BECK, 1979).

W kontekście metody MIND, terapia poznawczo-behawioralna odgrywa zasadniczą rolę w oferowaniu narzędzi do identyfikowania i modyfikowania automatycznych wzorców myślenia. Dzięki zastosowaniu określonych technik poznawczych metoda umożliwia jednostce uświadomienie sobie swoich dysfunkcjonalnych przekonań i zastąpienie ich bardziej zrównoważonymi i racjonalnymi interpretacjami, promując głęboką transformację reakcji emocjonalnych.

Początki i podstawy TCC

Aaron Beck opracował CBT, prowadząc badania z pacjentami z depresją i obserwując, że wielu z nich ma powtarzające się, negatywne wzorce myślowe, które pojawiają się automatycznie w odpowiedzi na codzienne wydarzenia. Te automatyczne myśli charakteryzowały się negatywnym obrazem siebie, świata i przyszłości, co Beck nazwał „poznawczą triadą" depresji. Beck zdał sobie sprawę, że te automatyczne myśli nie pojawiły się przypadkowo; pozostawały pod wpływem głębszych przekonań, często ugruntowanych w dzieciństwie, które stały się podstawą interpretacji i reakcji emocjonalnych danej osoby.

Terapia poznawczo-behawioralna skupia się na związku pomiędzy **myślami automatycznymi** , **przekonaniami pośrednimi** (takimi jak zasady i założenia) oraz **przekonaniami podstawowymi** . Podstawowe przekonania, takie jak „nie jestem wystarczający" lub „nie mogę nikomu ufać", działają jak filtr poznawczy, kształtując sposób, w jaki jednostka interpretuje sytuacje. Kiedy te przekonania są dysfunkcyjne, jednostka ma tendencję do negatywnej interpretacji zdarzeń, co generuje intensywne i automatyczne reakcje emocjonalne (BECK, J., 2011).

Zastosowanie terapii poznawczo-behawioralnej w Metodzie MIND jest szczególnie przydatne, ponieważ te automatyczne myśli i dysfunkcjonalne podstawowe przekonania są głównie odpowiedzialne za stan „emocjonalnego zakładnika". Utrzymują jednostkę w cyklach reaktywności emocjonalnej, podczas których nieustannie aktywowane są automatyczne reakcje, bez posiadania przez jednostkę niezbędnej świadomej kontroli, aby reagować w zrównoważony sposób.

Podstawowe zasady CBT: automatyczne myśli, podstawowe przekonania i zniekształcenia poznawcze

Automatyczne myśli

Myśli automatyczne są pierwszą reakcją poznawczą, która pojawia się w reakcji na jakieś wydarzenie. Reakcje te są szybkie, niemal natychmiastowe i na ogół pojawiają się, gdy dana osoba nie jest w pełni świadoma swojej natury lub pochodzenia. Myśli takie jak „to moja wina” lub „nigdy mi się nie uda” to przykłady myśli automatycznych, które generują intensywne i negatywne reakcje emocjonalne. Te automatyczne myśli są zwykle krótkie i konkretne, ale opierają się na głębszych, podstawowych przekonaniach.

○ **Praktyczny przykład** : Osoba, która ma ważne spotkanie w pracy i automatycznie myśli: „Odkryją, że nie jestem wystarczająco dobry”. Ta myśl rodzi niepokój i niepewność, potęgując strach przed porażką.

Podstawowe przekonania

Podstawowe przekonania to podstawowe wyobrażenia o sobie, innych i świecie, które stanowią podstawę automatycznych myśli. Są głębsze i mniej dostępne niż myśli automatyczne, dlatego na ogół pozostają niezauważone. Przekonania te rozwijają się z biegiem czasu, często w oparciu o doświadczenia z przeszłości, szczególnie w dzieciństwie i okresie dojrzewania. Przekonania takie jak „jestem nieodpowiedni" czy „świat jest niebezpieczny" tworzą wzorzec myślenia, który wpływa na wszystkie późniejsze doświadczenia, czyniąc jednostkę bardziej podatną na intensywne reakcje automatyczne.

○ **Praktyczny przykład** : Osoba, która w głębi serca wierzy, że „nie zasługuje na miłość", może zinterpretować drobną krytykę ze strony partnera jako oznakę odrzucenia, aktywując uczucie smutku i złości.

Zniekształcenia poznawcze

Zniekształcenia poznawcze to systematyczne błędy w myśleniu, które zniekształcają rzeczywistość. Należą do nich np. **katastrofizowanie** (widzenie najgorszego scenariusza), **personalizacja** (przypisywanie sobie odpowiedzialności za negatywne zdarzenia) i **myślenie dychotomiczne** (postrzeganie sytuacji w kategoriach skrajnych, typu „wszystko albo nic"). Te zniekształcenia wzmacniają automatyczne myśli i dysfunkcjonalne podstawowe przekonania, czyniąc cykl reaktywności emocjonalnej jeszcze silniejszym.

o   **Praktyczny przykład** : Osoba, której nie udało się wykonać małego zadania, może uogólnić to doświadczenie myślą „Zawsze popełniam błędy", co wzmocni negatywną reakcję emocjonalną i podstawowe przekonanie o nieadekwatności.

Zastosowanie CBT w metodzie MIND

W Metodzie MIND terapia poznawczo-behawioralna pomaga jednostce zidentyfikować i przewartościować automatyczne myśli i podstawowe przekonania, które podsycają stan „emocjonalnego zakładnika". Praktykując techniki CBT, jednostki uczą się kwestionować ważność swoich automatycznych myśli i zastępować dysfunkcjonalne podstawowe przekonania bardziej zrównoważonymi alternatywami. Proces ten jest niezbędny, aby jednostka mogła zmniejszyć intensywność automatycznych reakcji i rozwinąć zdrowszą perspektywę emocjonalną.

Integracja z neuronauką : Restrukturyzacja poznawcza ułatwiona przez terapię poznawczo-behawioralną również promuje neuroplastyczność. Kiedy jednostka praktykuje identyfikowanie i zastępowanie dysfunkcyjnych myśli, tworzy nowe połączenia neuronowe, które wspierają bardziej zrównoważone spojrzenie emocjonalne i zmniejszają aktywację starych obwodów związanych z dysfunkcjonalnymi przekonaniami.

Przykład praktycznej transformacji : Osoba, która w obliczu konfliktu ma tendencję do automatycznego myślenia, że „nic nie wyjdzie", może dzięki praktyce terapii poznawczo-behawioralnej nauczyć się kwestionować to przekonanie w poszukiwaniu bardziej realistycznych dowodów. Może zacząć myśleć: „Są wyzwania, ale to nie znaczy, że nie mogę znaleźć rozwiązania". Ten rodzaj substytucji myśli zmniejsza intensywność emocjonalną reakcji i pozwala na reakcję bardziej adaptacyjną.

Podstawowa rola autonomii emocjonalnej : Praktyka terapii poznawczo-behawioralnej w Metodzie UMYSŁU umożliwia jednostce rozwinięcie prawdziwej autonomii emocjonalnej, w miarę jak zyskuje kontrolę nad swoimi automatycznymi reakcjami. Autonomia ta zmniejsza stan zależności emocjonalnej i pozwala reagować w sposób świadomy i zrównoważony, nawet w sytuacjach stresowych.

Część 2: Identyfikacja i modyfikowanie podstawowych przekonań

Podstawowe przekonania są jednym z najgłębszych i najbardziej trwałych elementów systemu myślowego człowieka. Według Judith Beck „podstawowe przekonania reprezentują najbardziej zakorzenione i wszechstronne wyobrażenia, jakie jednostka ma na temat siebie, świata i przyszłości. Stanowią podstawę percepcji, interpretacji i oceny doświadczeń życiowych, kształtują reakcje emocjonalne i behawioralne" (BECK, J., 2011). Ten typ przekonań, jeśli jest dysfunkcyjny, tworzy negatywny filtr, który wzmacnia automatyczne reakcje emocjonalne i utrudnia rozwinięcie świadomej i zrównoważonej reakcji.

W przypadku stanu „emocjonalnego zakładnika" dysfunkcjonalne podstawowe przekonania działają jak „emocjonalne kotwice", które zatrzymują jednostkę w cyklach reaktywności, podczas których w codziennych sytuacjach pojawiają się automatyczne reakcje i uniemożliwiają świadomą kontrolę. Te przekonania, takie jak „nie da się mnie kochać" lub „świat jest niebezpiecznym miejscem", podsycają negatywne, automatyczne myśli i zniekształcenia poznawcze, które czynią jednostkę podatną na intensywne i nieproporcjonalne reakcje emocjonalne.

W Metodzie UMYSŁU praktyka identyfikowania i modyfikowania dysfunkcyjnych podstawowych przekonań jest niezbędnym krokiem w kierunku wyzwolenia emocjonalnego. Poniżej przeanalizujemy proces rozpoznawania dysfunkcyjnych przekonań i technik zastępowania ich bardziej adaptacyjnymi i zrównoważonymi alternatywami.

Wpływ podstawowych przekonań na życie emocjonalne

Podstawowe przekonania są szczególnie trudne do zidentyfikowania, ponieważ mają charakter „fundamentalny, globalny i absolutny" (BECK, J., 2011). Przekonania te nie powstają świadomie, ale są ukryte w interpretacjach i reakcjach emocjonalnych, które dana osoba wyraża w czasie. W istocie są to „soczewki", przez które jednostka postrzega świat i jego interakcje. Na przykład osoba, której głównym przekonaniem jest „jestem nieodpowiedni", może interpretować neutralną informację zwrotną od kolegi jako osobistą krytykę, prowadzącą do poczucia wstydu i niepewności.

Eric Kandel w kontekście neuronauki uzupełnia rozumienie tych przekonań, wyjaśniając, że „mózg wzmacnia wzorce reakcji w oparciu o powtarzalność i intensywność emocjonalną doświadczeń" (KANDEL,

2006). Podstawowe przekonania powstają w wyniku intensywnych i powtarzających się doświadczeń emocjonalnych, tworząc obwody neuronowe, które stają się wysoce wrażliwe na sytuacje przypominające te doświadczenia. Zjawisko to wyjaśnia, dlaczego tak trudno zmienić podstawowe przekonania: są one neurologicznie zakorzenione w obwodach układu limbicznego, który reaguje niemal natychmiast po wykryciu jakiegokolwiek możliwego zagrożenia emocjonalnego.

Dla Metody UMYSŁU zrozumienie wpływu tych podstawowych przekonań oznacza rozpoznanie głębi uwarunkowań emocjonalnych. To prowadzi nas do metod samoobserwacji i praktycznych technik restrukturyzacji poznawczej, które pomagają jednostce uzyskać dostęp do tych przekonań i rozwinąć nowe reakcje emocjonalne. Poniżej omówimy niektóre z tych technik.

Metody samoobserwacji w celu identyfikacji podstawowych przekonań

Samoobserwacja jest niezbędną praktyką w terapii poznawczo-behawioralnej i jest szczególnie przydatna dla osób pragnących zidentyfikować podstawowe przekonania leżące u podstaw ich automatycznych reakcji emocjonalnych. Według Judith Beck

„samoobserwacja pozwala jednostce obiektywnie obserwować własne wzorce myślenia i zachowania, tworząc podstawę do modyfikacji przekonań, które kierują tymi wzorcami" (BECK, J., 2011).

Skuteczną metodą samoobserwacji jest **automatyczne zapisywanie myśli** , które polega na zapisywaniu zdarzenia, które wywołało reakcję emocjonalną, powiązanej z nią myśli automatycznej i odczuwanych emocji. Zapis ten pomaga jednostce zidentyfikować powtarzające się wzorce myśli i emocji, które wskazują na obecność podstawowych przekonań.

- **Praktyczny przykład** : Wyobraź sobie osobę, która ignorowana w rozmowie automatycznie myśli: „ludzie się mną nie przejmują". Ta automatyczna myśl wskazuje na możliwe podstawowe przekonanie, takie jak „jestem bezwartościowy" lub „ludzie zawsze mnie ignorują". Rejestrując tę myśl i związaną z nią emocję, jednostka zaczyna zauważać, jak często to przekonanie się objawia, co pozwala na lepszy wgląd w wpływ kluczowych przekonań.

Oprócz rejestrowania myśli, technika **zadawania pytań sokratejskich** jest praktyką samoobserwacji, która pomaga jednostce rzucić wyzwanie podstawowym przekonaniom i ocenić ich ważność. Zadawanie pytań sokratejskich polega na zadawaniu pytań typu: „Jakie są dowody na poparcie tego przekonania?" oraz „czy to przekonanie jest zawsze prawdziwe w każdej sytuacji?" Pytania te pomagają zmniejszyć sztywność podstawowych przekonań i wprowadzić bardziej racjonalną i elastyczną perspektywę.

Przykład zadawania pytań sokratejskich : Jeśli głównym przekonaniem danej osoby jest „nie jestem kompetentny", można ją poprowadzić do zadania sobie pytania: „W jakich sytuacjach wykazałem się kompetencjami?" oraz „Jak ludzie wokół mnie postrzegają moje umiejętności?" Proces ten pomaga danej osobie rzucić wyzwanie sztywnemu, globalnemu postrzeganiu niekompetencji i wziąć pod uwagę, że jej umiejętności mogą się różnić w zależności od kontekstu.

Te metody samoobserwacji przygotowują jednostkę do głębszej praktyki restrukturyzacji poznawczej, podczas której może ona bezpośrednio pracować nad modyfikacją swoich podstawowych przekonań.

Techniki restrukturyzacji poznawczej w celu modyfikacji podstawowych przekonań

Restrukturyzacja poznawcza to proces modyfikacji dysfunkcyjnych podstawowych przekonań poprzez świadome zastąpienie tych przekonań bardziej zrównoważonymi i adaptacyjnymi interpretacjami.

Według Becka „restrukturyzacja poznawcza jest podstawą trwałej transformacji emocjonalnej, gdyż pozwala jednostce tworzyć nowe skojarzenia i reakcje na sytuacje, które wcześniej aktywowały negatywne automatyczne wzorce" (BECK, J., 2011).

Jedną z najskuteczniejszych technik restrukturyzacji podstawowych przekonań jest **kwestionowanie dowodów** , podczas którego osoba wymienia dowody za i przeciw konkretnemu przekonaniu. Proces ten pomaga osłabić dysfunkcyjne przekonanie, pokazując, że nie ma ono charakteru uniwersalnego i że istnieją sytuacje, w których nie ma ono zastosowania.

Przykład kwestionowania dowodów : Załóżmy, że dana osoba wierzy, że „nikt się o mnie nie troszczy". Wymieniając dowody zaprzeczające temu przekonaniu, może uwzględnić sytuacje, w których przyjaciele lub rodzina wyrazili zaniepokojenie. Praktyka ta pozwala jednostce spojrzeć na przekonania w sposób mniej absolutny i bardziej kontekstowy, zmniejszając jego wpływ na automatyczne reakcje emocjonalne.

Inną techniką jest **eksperyment behawioralny** , który polega na planowaniu i wykonywaniu działań mających na celu sprawdzenie wiary w rzeczywistych sytuacjach. Judith Beck opisuje tę technikę jako „sposób, w jaki jednostka może skonfrontować swoje przekonania w kontrolowany sposób, obserwując, czy jej założenia znajdują potwierdzenie w praktyce" (BECK, J., 2011).

Przykład eksperymentu behawioralnego : Osoba, która wierzy, że „nie mogę nikomu ufać", może wykonywać drobne akty zaufania, takie jak proszenie o pomoc w wykonaniu prostego zadania lub podzielenie się osobistą opinią z osobą, której ufa. Obserwując reakcję innych, będzie w stanie zdać sobie sprawę, że w wielu przypadkach jej oczekiwania dotyczące nieufności nie potwierdzają się, co pomaga jej zrewidować dysfunkcjonalne przekonanie.

Te techniki restrukturyzacji poznawczej są wzmocnione Metodą MIND, która uwzględnia wykorzystanie dwujęzyczności w niektórych z tych ćwiczeń w celu zintensyfikowania dystansu emocjonalnego i ułatwienia modyfikacji przekonań.

Transformacja podstawowych przekonań w kontekście metody UMYSŁU

W Metodzie MIND transformacja podstawowych przekonań jest głównym celem, ponieważ modyfikacja tych przekonań zapewnia wyzwolenie ze stanu „emocjonalnego zakładnika". Ciągła praktyka restrukturyzacji poznawczej tworzy nowe skojarzenia neuronalne, wzmacniając obwody, które wspierają bardziej świadomą i adaptacyjną reakcję emocjonalną. Według Erica Kandela „powtarzanie nowych skojarzeń modyfikuje obwody mózgowe, promując plastyczność, która wspiera restrukturyzację emocjonalną" (KANDEL, 2006).

Zastępując dysfunkcjonalne przekonania bardziej adaptacyjnymi alternatywami, jednostka buduje emocjonalny fundament, który pozwala na świadome i zrównoważone reakcje, zmniejszając intensywność automatycznych myśli i promując stan emocjonalnej autonomii. W kontekście Metody UMYSŁU ta transformacja podstawowych przekonań stanowi podstawę swobodniejszego i bardziej niezależnego życia emocjonalnego.

Odniesienia bibliograficzne

BECK, Aaron T. *Terapia poznawcza i zaburzenia emocjonalne* . Książki o pingwinach, 1979.

BECK, Aaron T.; ALFORD, Brad A. *Depresja: przyczyny i leczenie* . Wydawnictwo Uniwersytetu Pensylwanii, 2011.

BECK, Judith S. *Terapia poznawczo-behawioralna: podstawy i nie tylko* . Guilford Press, 2011.

CAMERON-BANDLER, Leslie; LEBEAU, Michael. *Emocjonalny zakładnik* . Artykuł redakcyjny Summusa, 1993.

KANDEL, Eric R. *W poszukiwaniu pamięci: pojawienie się nowej nauki o umyśle* . WW Norton & Company, 2006.

MARIAN, Viorica. *Potęga języka: jak język kształtuje nasze życie i zmienia świat* . Duttona, 2023.

PAWŁENKO, Aneta. *Dwujęzyczne umysły: doświadczenie emocjonalne, ekspresja i reprezentacja* . Sprawy wielojęzyczności, 2006.

Punkt kontrolny: krytyka i refleksje na temat uzależnienia od narkotyków

Podsumowanie głównych koncepcji:

- **Krytyczne spojrzenie na leki przeciwdepresyjne** : refleksja na temat stosowania leków i ich ograniczeń w celu promowania autonomii emocjonalnej.
- **Równowaga między potrzebą leczenia a autonomią** : Znaczenie rozpoznania, kiedy zażywanie leków jest niezbędne, a kiedy można je stopniowo rezygnować.

Pytania do refleksji:

1.   Jak postrzegasz rolę leków przeciwdepresyjnych w swoim życiu lub życiu bliskich Ci osób?
2.   Jakie są Twoje poglądy na temat uzależnienia od leków stosowanych w leczeniu zdrowia psychicznego, na podstawie dyskusji w rozdziałach?
3.   Jakie strategie samoregulacji emocjonalnej mogą stanowić alternatywę dla wsparcia farmakologicznego?

Rozdział 3: Praktyczne ćwiczenia CBT w celu restrukturyzacji poznawczej

Aby transformacja emocjonalna była trwała, niezbędna jest regularna praktyka ćwiczeń CBT. Według Judith Beck „praktyka terapii poznawczo-behawioralnej to nie tylko proces intelektualnego zrozumienia; zależy to od odpowiednich ćwiczeń, które wzmacniają modyfikację przekonań i promują autonomię emocjonalną" (BECK, J., 2011). Metoda MIND obejmuje serię praktycznych ćwiczeń, które konsolidują restrukturyzację poznawczą, pomagając jednostce na bieżąco rozpoznawać, kwestionować i modyfikować swoje automatyczne myśli i dysfunkcyjne przekonania.

Ćwiczenia te odgrywają również zasadniczą rolę w promowaniu neuroplastyczności, ponieważ wzmacniają nowe wzorce reakcji emocjonalnych i behawioralnych. Jak zauważa Eric Kandel, „powtarzanie praktyk samoświadomości i restrukturyzacji poznawczej tworzy nowe skojarzenia synaptyczne, które wspierają zmianę emocjonalną" (KANDEL, 2006). Poniżej omawiamy niektóre podstawowe ćwiczenia praktyczne Metody UMYSŁU.

Dziennik myśli i emocji

Zapisywanie myśli i emocji jest niezbędnym ćwiczeniem rozwijającym umiejętności samoobserwacji i identyfikowania automatycznych wzorców emocjonalnych i myślowych. Dziennik pozwala jednostce obserwować własne procesy psychiczne, zrozumieć, w jaki sposób określone sytuacje wyzwalają myśli i reakcje emocjonalne.

Opis ćwiczenia : Pacjenta zachęca się do rejestrowania codziennych wydarzeń, które wywołały intensywne reakcje emocjonalne, odnotowując konkretne wydarzenie, automatycznie powstałą myśl i odczuwane emocje. Zapis ten jest niezbędny do zauważenia wzorców myślenia i emocji, które często są powiązane z dysfunkcyjnymi podstawowymi przekonaniami.

Cel terapeutyczny : Regularne wykonywanie tego ćwiczenia pomaga pacjentowi zidentyfikować wyzwalacze emocjonalne i leżące u ich podstaw przekonania, umożliwiając obserwację, w jaki sposób automatyczne interpretacje napędzają jego reakcje emocjonalne. Dodatkowo dziennikowanie ułatwia rozwój obiektywnego i świadomego spojrzenia na własne reakcje emocjonalne, zmniejszając reaktywność emocjonalną.

Praktyczny przykład : Osoba, która odczuwa niepokój w kontaktach z autorytetami, może nagrać epizod, w którym jej przełożony przedstawił krytykę. Analizując myśl automatyczną („On uważa, że jestem niekompetentny") i związaną z nią emocję (lęk), może zacząć identyfikować podstawowe przekonanie o nieadekwatności. To rozpoznanie toruje drogę do restrukturyzacji poznawczej.

Wyzwanie dowodowe

Podważanie dowodów to potężna technika, która polega na kwestionowaniu i testowaniu ważności podstawowych przekonań i automatycznych myśli. Ćwiczenie to pomaga jednostce „postrzegać przekonanie jako hipotezę do sprawdzenia", zamiast akceptować je jako prawdę absolutną (BECK, J., 2011).

Opis ćwiczenia : Osoba jest instruowana, aby wymienić dowody przemawiające za i przeciw konkretnemu przekonaniu lub myśli automatycznej. Obserwując brak dowodów lub obecność sprzecznych dowodów, jednostka zaczyna kwestionować prawdziwość i sztywność przekonania lub myśli.

Cel terapeutyczny : To ćwiczenie pozwala jednostce krytycznie przyjrzeć się podstawom jej przekonań i automatycznych reakcji, osłabiając wpływ tych przekonań na jej reakcje emocjonalne. Celem jest zmniejszenie intensywności reakcji emocjonalnych i wzmocnienie umiejętności obiektywnej oceny sytuacji.

Praktyczny przykład : Załóżmy, że dana osoba wierzy, że „nikt się o mnie nie troszczy". Wymieniając dowody zaprzeczające temu przekonaniu, takie jak przyjaciele lub rodzina, którzy oferowali wsparcie w trudnych chwilach, zaczyna postrzegać to przekonanie jako zniekształcenie poznawcze. Proces ten pomaga zmniejszyć ładunek emocjonalny związany z tym przekonaniem i zastąpić negatywne interpretacje bardziej zrównoważonymi perspektywami.

Ponowna ocena z perspektywy zewnętrznej

Ponowna ocena z perspektywy zewnętrznej to ćwiczenie, które zachęca jednostkę do oceny sytuacji intensywnej emocjonalnie tak, jakby była zewnętrznym obserwatorem. Dystans ten pomaga zmniejszyć obciążenie emocjonalne i pozwala spojrzeć na sytuację w bardziej racjonalny i obiektywny sposób.

Opis ćwiczenia : Osoba jest instruowana, aby wyobraziła sobie, że obserwuje sytuację z zewnątrz, jakby była osobą trzecią. Następnie nagrywa wydarzenie i ocenia Twoje reakcje, tak jakby doradzał komuś innemu.

Cel terapeutyczny : Ta praktyka pomaga jednostce rozwinąć emocjonalny dystans do własnych doświadczeń, promując „bardziej neutralną i bezstronną perspektywę" na swoje reakcje (BECK, J., 2011). Ćwiczenie pozwala na racjonalną refleksję, która pomaga zmniejszyć reaktywność emocjonalną i promuje przeformułowanie przekonań.

Przykład praktyczny : Osoba, która czuje się stale krytykowana przez współpracowników, obserwując sytuację jako obserwator, może zdać sobie sprawę, że krytyka nie jest tak osobista, jak się wydaje. Rozumie, że jego koledzy mają realistyczne oczekiwania i że ich przesadne reakcje wynikają z automatycznej interpretacji, a nie z absolutnej prawdy.

Integracja dwujęzyczności: narracja emocjonalna w drugim języku

W metodzie MIND dwujęzyczność jest zintegrowana z ćwiczeniami restrukturyzacji poznawczej, aby promować dodatkowy dystans emocjonalny. Badania pokazują, że wyrażanie bolesnych wspomnień lub myśli w drugim języku zmniejsza aktywację emocjonalną i pozwala na bardziej obiektywną analizę (MARIAN, 2023; PAVLENKO, 2006).

Opis ćwiczenia : Uczestnika zachęca się do wyrażenia naładowanego emocjonalnie doświadczenia w drugim języku, w formie pisemnej lub ustnej. Wyrażenie to ogranicza aktywację emocjonalną, pozwalając mu ocenić sytuację bez towarzyszącego jej intensywnego ładunku emocjonalnego.

Cel terapeutyczny : Praktyka opowiadania narracji emocjonalnej w drugim języku tworzy dystans emocjonalny, który ułatwia restrukturyzację poznawczą, ponieważ jednostka jest w stanie dokonać przeglądu doświadczenia z większą racjonalnością i mniejszą reaktywnością.

Przykład praktyczny : Osoba, która wspominając przeszły związek, doświadcza uczucia opuszczenia, może, wyrażając to doświadczenie w drugim języku, zauważyć, że intensywność emocji maleje. Ten emocjonalny dystans ułatwia przeformułowanie wydarzenia, pozwala wyraźniej zobaczyć sytuację i rozwinąć mniej negatywną perspektywę.

Powtarzanie i konsolidacja ćwiczeń na neuroplastyczność

Powtarzanie jest niezbędne do trwałej restrukturyzacji emocjonalnej, ponieważ sprzyja konsolidacji nowych obwodów neuronalnych, które wspierają adaptacyjne reakcje emocjonalne. Według Erica Kandela „mózg dostosowuje się do nowych wzorców reakcji poprzez ciągłą praktykę, co wzmacnia połączenia synaptyczne i osłabia stare obwody" (KANDEL, 2006).

Opis praktyki : Powtarzanie tych ćwiczeń codziennie lub co tydzień pomaga jednostce utrwalić nowe reakcje emocjonalne i poznawcze. Dzięki ciągłej praktyce ułatwia rozwój bardziej zrównoważonej perspektywy i mniej reaktywnej reakcji emocjonalnej.

Cel terapeutyczny : Celem jest stworzenie bardziej stabilnego i adaptacyjnego fundamentu emocjonalnego, pozwalającego jednostce zachować autonomię emocjonalną w miarę upływu czasu. Ciągła praktyka sprzyja neuroplastyczności i pozwala na trwałą integrację technik CBT.

Przykład konsolidacyjny : Osoba, która regularnie ćwiczy dziennik myśli i emocji, podważanie dowodów i opowiadanie historii w drugim języku, zaczyna zauważać spadek reaktywności emocjonalnej w sytuacjach, które wcześniej powodowały intensywny niepokój. Zmiana ta ukazuje wpływ neuroplastyczności na proces restrukturyzacji emocjonalnej.

Te praktyczne ćwiczenia CBT mają fundamentalne znaczenie dla Metody MIND, ponieważ pozwalają jednostce aktywnie pracować nad modyfikowaniem automatycznych wzorców myślenia i zachowania. Ciągła praktyka tych technik sprzyja trwałej transformacji emocjonalnej, gdzie neuroplastyczność wzmacnia nowe reakcje i zmniejsza intensywność reakcji automatycznych. Integrując CBT z dwujęzycznością, Metoda MIND oferuje kompleksowe podejście do wyzwolenia emocjonalnego i autonomii.

Odniesienia bibliograficzne

BECK, Aaron T. *Terapia poznawcza i zaburzenia emocjonalne* . Książki o pingwinach, 1979.

BECK, Aaron T.; ALFORD, Brad A. *Depresja: przyczyny i leczenie* . Wydawnictwo Uniwersytetu Pensylwanii, 2011.

BECK, Judith S. *Terapia poznawczo-behawioralna: podstawy i nie tylko* . Guilford Press, 2011.

CAMERON-BANDLER, Leslie; LEBEAU, Michael. *Emocjonalny zakładnik* . Artykuł redakcyjny Summusa, 1993.

KANDEL, Eric R. *W poszukiwaniu pamięci: pojawienie się nowej nauki o umyśle* . WW Norton & Company, 2006.

MARIAN, Viorica. *Potęga języka: jak język kształtuje nasze życie i zmienia świat* . Duttona, 2023.

PAWŁENKO, Aneta. *Dwujęzyczne umysły: doświadczenie emocjonalne, ekspresja i reprezentacja* . Sprawy wielojęzyczności, 2006.

W tym rozdziale badamy terapię poznawczo-behawioralną jako niezbędne narzędzie zmiany podstawowych przekonań i przezwyciężenia automatycznych reakcji emocjonalnych. Judith Beck zauważa, że „restrukturyzacja poznawcza to nie tylko technika, ale praktyka, która zmienia sposób, w jaki jednostka odnosi się do własnych myśli i emocji" (BECK, J., 2011). W kontekście Metody MIND, terapia poznawczo-behawioralna oferuje jednostce ustrukturyzowaną podstawę do identyfikowania i modyfikowania automatycznych myśli i dysfunkcyjnych podstawowych przekonań, które utrzymują stan „emocjonalnego zakładnika".

Wprowadzenie do **głównych zasad terapii poznawczo-behawioralnej** pozwoliło czytelnikowi zrozumieć, w jaki sposób automatyczne myśli i podstawowe przekonania kształtują reakcje emocjonalne, wpływając na sposób, w jaki interpretujemy sytuacje. Te myśli i przekonania są zarówno przyczynami, jak i konsekwencjami reakcji automatycznych, tworząc cykl reakcji emocjonalnych, który ogranicza świadomą kontrolę nad reakcjami emocjonalnymi.

zaprezentowano **metody samoobserwacji i** techniki **restrukturyzacji poznawczej** . Praktyka zapisywania myśli i emocji, kwestionowania dowodów i ponownej oceny z perspektywy zewnętrznej oferuje ścieżkę do kwestionowania ważności automatycznych myśli i kwestionowania sztywności podstawowych przekonań.

Techniki te umożliwiają jednostce tworzenie nowych reakcji emocjonalnych, promowanie odporności oraz bardziej realistycznego i zrównoważonego spojrzenia na codzienne sytuacje.

Praktyczne zastosowanie terapii poznawczo-behawioralnej w Metodzie UMYSŁU wykracza poza modyfikowanie myśli. Odgrywa rolę w promowaniu **neuroplastyczności** , procesu modyfikującego połączenia neuronowe w oparciu o powtarzalne praktyki i doświadczenia istotne emocjonalnie (KANDEL, 2006). Każde ćwiczenie CBT konsekwentnie wzmacnia nowe wzorce neuronowe, które ułatwiają bardziej adaptacyjną i świadomą reakcję. Ponieważ neuroplastyczność wzmacnia obwody, które stają się silniejsze w miarę używania, powtarzanie praktyk CBT wzmacnia obwody powiązane ze świadomymi reakcjami emocjonalnymi, zmniejszając siłę reakcji automatycznych i zwiększając emocjonalną autonomię jednostki.

Charakterystycznym aspektem Metody MIND jest **integracja dwujęzyczności** z ćwiczeniami CBT. Używanie drugiego języka w praktykach takich jak podważanie dowodów i opowiadanie historii emocjonalnych pozwala jednostce zmniejszyć ładunek emocjonalny związany z doświadczeniami i przekonaniami, tworząc „emocjonalny dystans", który ułatwia restrukturyzację poznawczą (PAVLENKO, 2006;

MARIAN, 2023). Badania pokazują, że przetwarzanie emocji w drugim języku aktywuje różne obszary mózgu, co sprzyja mniej reaktywnej i bardziej analitycznej reakcji. Dokonując ponownej oceny dysfunkcyjnych doświadczeń i przekonań w drugim języku, jednostka jest w stanie przejrzeć te wspomnienia z mniejszą intensywnością emocjonalną, co pozwala na bardziej racjonalne i skuteczne przeformułowanie.

To połączone zastosowanie terapii poznawczo-behawioralnej i dwujęzyczności w Metodzie MIND tworzy innowacyjne podejście, które wykracza poza zwykłe modyfikowanie automatycznych myśli, promując trwałą i praktyczną transformację emocjonalną. Uwolnienie „emocjonalnego zakładnika" następuje wtedy, gdy jednostka jest w stanie świadomie reagować na sytuacje, zamiast reagować w oparciu o automatyczne wzorce. Proces ten stanowi podstawę **autonomii emocjonalnej** , stanu, w którym jednostka nie jest zależna od automatycznych reakcji, ale raczej od zrównoważonego i racjonalnego spojrzenia na siebie i innych.

W następnym rozdziale zagłębimy się w rolę dwujęzyczności w Metodzie MIND. Podczas gdy CBT oferuje narzędzia do restrukturyzacji poznawczej, dwujęzyczność uzupełnia to podejście, tworząc kontekst „emocjonalnego znieczulenia", który ułatwia modyfikację przekonań. Praktykując te dwa zintegrowane podejścia,

jednostka rozwija odporność emocjonalną, która wspiera
proces uzdrawiania i wyzwolenia emocjonalnego.

Odniesienia bibliograficzne

BECK, Aaron T. *Terapia poznawcza i zaburzenia
emocjonalne* . Książki o pingwinach, 1979.

BECK, Aaron T.; ALFORD, Brad A. *Depresja: przyczyny i
leczenie* . Wydawnictwo Uniwersytetu Pensylwanii, 2011.

BECK, Judith S. *Terapia poznawczo-behawioralna:
podstawy i nie tylko* . Guilford Press, 2011.

CAMERON-BANDLER, Leslie; LEBEAU, Michael.
Emocjonalny zakładnik . Artykuł redakcyjny Summusa,
1993.

KANDEL, Eric R. *W poszukiwaniu pamięci: pojawienie
się nowej nauki o umyśle* . WW Norton & Company,
2006.

MARIAN, Viorica. *Potęga języka: jak język kształtuje
nasze życie i zmienia świat* . Duttona, 2023.

PAWŁENKO, Aneta. *Dwujęzyczne umysły:
doświadczenie emocjonalne, ekspresja i reprezentacja* .
Sprawy wielojęzyczności, 2006.

Punkt kontrolny: dwujęzyczność i dystans emocjonalny

Podsumowanie głównych koncepcji:

- **Dwujęzyczność terapeutyczna** : używanie drugiego języka w celu promowania emocjonalnego dystansu.
- **Znieczulenie emocjonalne** : Efekt zmniejszenia intensywności emocjonalnej podczas używania drugiego języka do wyrażania uczuć i wspomnień.

Pytania do refleksji:

1. Jak myślisz, jakie wspomnienia lub uczucia łatwiej byłoby opisać, używając drugiego języka?
2. Jaki wpływ emocjonalny zauważasz, gdy próbujesz wyrazić uczucia w języku innym niż Twój język ojczysty?
3. W jaki sposób koncepcja „znieczulenia emocjonalnego" może ci pomóc w radzeniu sobie z trudnymi wspomnieniami?

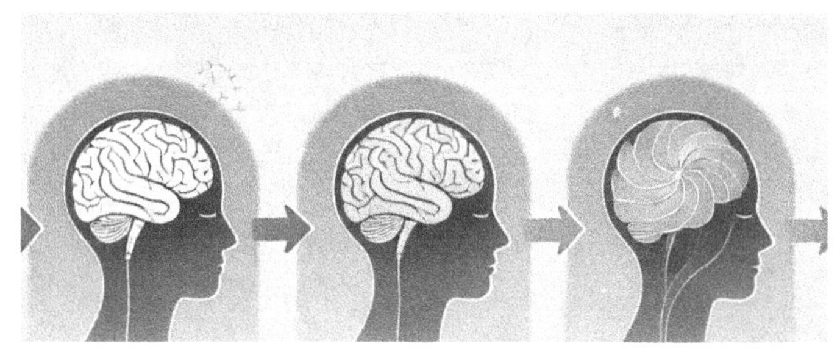

Rozdział 4: Długoterminowa autonomia emocjonalna i praktyki jej utrzymania

Aby transformacja emocjonalna była trwała, jednostka musi przyjąć praktyki gwarantujące ciągłość uzyskanych korzyści. Według Judith Beck „autonomia emocjonalna wymaga regularnego ćwiczenia umiejętności samoregulacji i ciągłej czujności nad własnymi wzorcami myślenia i emocji" (BECK, J., 2011). W Metodzie MIND utrzymanie autonomii emocjonalnej obejmuje stosowanie technik uważności, praktyk samoobserwacji i strategii zapobiegawczych, aby uniknąć nawrotów do starych wzorców emocjonalnych.

Ludzki mózg ma naturalną tendencję do powrotu do nawykowych wzorców, szczególnie pod wpływem stresu. Neuroplastyczność, choć umożliwia tworzenie nowych połączeń neuronowych, wymaga ciągłej praktyki, aby te nowe sieci stały się domyślną reakcją mózgu (KANDEL, 2006). W tym rozdziale omówiono szereg technik i praktyk, które pomagają jednostce utrzymać transformację emocjonalną, utrwalając nabyte umiejętności i promując odporność emocjonalną.

Praktyki samoobserwacji i świadomej refleksji

Samoobserwacja to praktyka, która pozwala jednostce monitorować własne myśli i emocje w codziennych sytuacjach. Dzięki praktyce terapii poznawczo-behawioralnej i dwujęzyczności Metoda MIND umożliwia jednostce szybką identyfikację automatycznych wzorców, co pozwala na interwencję, zanim reakcja emocjonalna się nasili.

Opis praktyki : Samoobserwacja polega na poświęcaniu kilku minut dziennie na przegląd głównych wydarzeń i reakcji emocjonalnych oraz rejestrowaniu pojawiających się myśli i przekonań. Ten refleksyjny dziennik służy jako źródło samokontroli, które pozwala określić, czy reakcje są zgodne z nowymi przekonaniami, czy też wskazują na powrót do starych wzorców.

Cel terapeutyczny : Utrzymywanie praktyki samoobserwacji sprzyja samoświadomości i pomaga jednostce rozpoznać możliwe oznaki nawrotu choroby. Świadoma refleksja pozwala mu wykryć wszelkie dysfunkcjonalne wzorce, które mogą pojawić się w chwilach wrażliwości emocjonalnej.

Praktyczny przykład : Osoba zmagająca się ze stresującą sytuacją w pracy może pod koniec dnia zrobić sobie przerwę i obserwować, jak zareagowała. Identyfikując negatywne automatyczne myśli, może ponownie ocenić sytuację za pomocą technik CBT, wzmacniając jej odporność emocjonalną.

Strategie zapobiegawcze pozwalające uniknąć nawrotów

Zapobieganie nawrotom jest podstawową strategią Metody MIND. Badania pokazują, że regularna praktyka profilaktyczna pomaga utrwalić nabyte umiejętności i zmniejsza prawdopodobieństwo powrotu do starych wzorców emocjonalnych (BECK, J., 2011).

Strategia zapobiegania nawrotom terapii poznawczo-behawioralnej : Pacjenta zachęca się do monitorowania i rejestrowania sytuacji lub myśli, które wywołują automatyczne reakcje emocjonalne. Monitoring zapobiegawczy pozwala na szybką i skuteczną interwencję.

Włączenie dwujęzyczności do strategii zapobiegawczych : Dwujęzyczność można również wykorzystać jako strategię zapobiegawczą. Werbalizując intensywne myśli lub przekonania w drugim języku, jednostka zmniejsza intensywność emocjonalną i jest w stanie zastanowić się nad wpływem czynników emocjonalnych przy mniejszej reaktywności.

Cel zapobiegawczy : Pomysł polega na stworzeniu „emocjonalnego planu działania", w którym jednostka definiuje reakcje i praktyki, które zastosuje w chwilach bezbronności, wzmacniając zdolność przeciwstawiania się starym wyzwalaczom emocjonalnym.

Praktyki uważności wzmacniające autonomię emocjonalną

Pełna uwaga, czyli uważność, to praktyka, która promuje świadomość i akceptację chwili obecnej, bez osądzania. Integracja uważności z Metodą UMYSŁU pozwala jednostce wzmocnić kontrolę emocjonalną, zmniejszając potrzebę automatycznego reagowania.

Opis praktyki : Praktyka uważności obejmuje ćwiczenia oddechowe, obserwację myśli i uczuć bez osądzania oraz skupianie się na teraźniejszości. Poświęcając kilka minut dziennie na te praktyki, jednostka rozwija zdolność obserwacji własnych stanów emocjonalnych bez automatycznego angażowania się.

Cel terapeutyczny : Uważność jest skutecznym narzędziem redukującym stres i tworzącym przestrzeń samoświadomości, w której jednostka może dokonać świadomego wyboru swoich reakcji emocjonalnych. Regularna praktyka uważności pomaga utrzymać równowagę emocjonalną i wzmacnia autonomię emocjonalną.

Praktyczny przykład : W obliczu sytuacji konfliktowej jednostka może świadomie zatrzymać się, oddychać i obserwować swoje myśli i emocje, nie reagując natychmiast. Ta praktyka pozwala mu reagować w sposób zrównoważony, zachowując kontrolę nad swoją reakcją.

Konsolidacja autonomii emocjonalnej z neuroplastycznością

Aby transformacja emocjonalna była trwała, istotne jest, aby jednostka regularnie ćwiczyła te techniki, promując neuroplastyczność i wzmacniając nowe obwody emocjonalne. Według Kandela „powtarzanie praktyk samoświadomości i kontroli emocjonalnej stwarza podstawę do reakcji adaptacyjnych, ułatwiających ciągłą transformację emocjonalną" (KANDEL, 2006).

Opis konsolidacji : Konsekwentnie ćwicząc techniki poznane w ramach Metody UMYSŁ, jednostka wzmacnia obwody związane ze świadomymi reakcjami emocjonalnymi i osłabia stare obwody, które wspierały reakcje automatyczne.

Cel terapeutyczny : Ciągłe powtarzanie tych praktyk pozwala jednostce na internalizację nowych reakcji emocjonalnych, promując solidną i trwałą transformację. Ten proces konsolidacji jest podstawą autonomii emocjonalnej, dzięki której jednostka zyskuje trwałą kontrolę nad swoimi reakcjami.

Przykład konsolidacji : Osoba, która kontynuuje praktykę uważności, samoobserwacji i dwujęzyczności w celu przewartościowania emocjonalnego, rozwija solidną podstawę do utrzymania autonomii emocjonalnej w przyszłych sytuacjach.

Regularna praktyka samoobserwacji, uważności i zapobiegania nawrotom to podstawowe elementy utrzymania autonomii emocjonalnej. Integrując te elementy w Metodę UMYSŁU, jednostka zostaje wyposażona w zestaw narzędzi umożliwiających trwałą transformację emocjonalną. Praktyki te tworzą fundament odporności i kontroli emocjonalnej, który zapewnia ciągłość poczynionych postępów, wzmacniając zdolność radzenia sobie z wyzwaniami i zachowując autonomię emocjonalną.

Rozdział ten kończy trzeci blok książki, przygotowując czytelnika do ostatniego rozdziału, w którym omówimy rolę Metody UMYSŁU jako kompletnego i integrującego podejścia do wyzwolenia emocjonalnego i rozwoju autonomii.

Odniesienia bibliograficzne

BECK, Aaron T. *Terapia poznawcza i zaburzenia emocjonalne* . Książki o pingwinach, 1979.

BECK, Aaron T.; ALFORD, Brad A. *Depresja: przyczyny i leczenie* . Wydawnictwo Uniwersytetu Pensylwanii, 2011.

BECK, Judith S. *Terapia poznawczo-behawioralna: podstawy i nie tylko* . Guilford Press, 2011.

KANDEL, Eric R. *W poszukiwaniu pamięci: pojawienie się nowej nauki o umyśle* . WW Norton & Company, 2006.

MARIAN, Viorica. *Potęga języka: jak język kształtuje nasze życie i zmienia świat* . Duttona, 2023.

PAWŁENKO, Aneta. *Dwujęzyczne umysły: doświadczenie emocjonalne, ekspresja i reprezentacja* . Sprawy wielojęzyczności, 2006.

Punkt kontrolny konsolidujący autonomię emocjonalną i planowanie przyszłości

Podsumowanie głównych koncepcji:

- **Autonomia emocjonalna** : Zdolność do regulowania emocji bez uzależnienia od leków.
- **Planowanie długoterminowe** : Utrzymuj praktyki samoregulacji i okresowo konsultuj się ze specjalistami, aby umocnić odporność emocjonalną.

Pytania do refleksji:

1. Jakie są główne zasoby emocjonalne, które odkryłeś w trakcie procesu stosując Metodę UMYSŁU?

2.	Jakie codzienne lub cotygodniowe praktyki zamierzasz stosować, aby wzmocnić swoją autonomię emocjonalną?
3.	Jak widzisz monitorowanie z udziałem profesjonalistów w dłuższej perspektywie?

Rozdział 5: Metoda UMYSŁU jako droga do wolności emocjonalnej

Trajektoria Metody UMYSŁU składa się z szeregu kroków, które prowadzą jednostkę do zrozumienia, przekształcenia i podtrzymania swoich reakcji emocjonalnych, promując prawdziwą autonomię. Połączenie neuronauki, terapii poznawczo-behawioralnej i dwujęzyczności pozwala na przyjęcie zintegrowanego podejścia, które oferuje jednostce niezbędne narzędzia, aby nie tylko zrozumieć swoje reakcje emocjonalne, ale także nauczyć się je kształtować w sposób adaptacyjny. Jak zauważyła Leslie Cameron-Bandler w swojej pracy nad „emocjonalnym zakładnikiem", proces wyzwolenia emocjonalnego wymaga głębokiej świadomości i ponownego sformułowania wspomnień i przekonań, które kształtują nasze reakcje (CAMERON-BANDLER; LEBEAU, 1993).

Poniżej zastanawiamy się nad podróżą, jaką zapewnia Metoda MIND i wpływem tego podejścia na osiągnięcie trwałej wolności emocjonalnej.

Droga „zakładnika" do autonomii emocjonalnej

Koncepcja „emocjonalnego zakładnika" bada ideę, że wiele osób jest uwięzionych w automatycznych, dysfunkcyjnych wzorcach reakcji, które w negatywny sposób kształtują ich życie. Te reakcje emocjonalne, jak wyjaśniła Judith Beck, „są kształtowane przez głęboko zakorzenione podstawowe przekonania, które tworzą filtr dla wszystkich doświadczeń życiowych" (BECK, J., 2011). Celem całej Metody MIND było uwolnienie jednostki ze stanu emocjonalnego zakładnika, nauczenie jej identyfikowania, modyfikowania i utrzymywania nowego sposobu reagowania na wyzwania emocjonalne.

Neuroplastyczność odgrywa kluczową rolę w tym procesie, ponieważ pozwala mózgowi tworzyć nowe połączenia i porzucać obwody związane z reakcjami automatycznymi. Według Erica Kandela „neuroplastyczność to mechanizm, który pozwala mózgowi na rekonfigurację, uczenie się nowych reakcji emocjonalnych i pozbywanie się starych wzorców"

(KANDEL, 2006). W Metodzie MIND neuroplastyczność jest aktywowana poprzez ciągłą praktykę nowych umiejętności, które wzmacniają sieci neuronowe związane z samokontrolą i równowagą emocjonalną.

Integracja narzędzi metody MIND dla autonomii emocjonalnej

Metoda MIND opiera się na połączeniu technik opartych na podstawach naukowych, które razem zapewniają solidne podejście do rozwijania autonomii emocjonalnej. Terapia poznawczo-behawioralna, wraz z praktykami restrukturyzacji poznawczej, stanowi podstawę identyfikacji i modyfikacji kluczowych przekonań. Pomagając jednostce obserwować i kwestionować jej automatyczne myśli, terapia poznawczo-behawioralna ułatwia rozwój nowego wglądu, w którym reaktywne reakcje emocjonalne zastępuje się bardziej zrównoważonymi interpretacjami.

Kolejną różnicą jest uwzględnienie w metodzie dwujęzyczności. Jak zauważa Viorica Marian, „używanie drugiego języka tworzy dystans emocjonalny, który ułatwia racjonalną analizę i zmniejsza intensywność automatycznych reakcji" (MARIAN, 2023). Dwujęzyczność oferuje wyjątkową okazję do ponownej oceny wspomnień i przekonań przy mniejszym ładunku emocjonalnym, co pozwala jednostce przeformułować swoje doświadczenia i promować transformację emocjonalną przy mniejszym oporze.

Ta integracja terapii poznawczo-behawioralnej, dwujęzyczności i neuroplastyczności zapewnia drogę do wolności emocjonalnej, gdzie jednostka może ustanowić prawdziwą autonomię, reagując świadomie i adaptacyjnie na wydarzenia życiowe. Metoda MIND to nie tylko zestaw technik, ale kompletne podejście do emocjonalnego wyzwolenia i osiągnięcia autentycznej emocjonalnej niezależności.

Przygotowanie do życia w wolności emocjonalnej

Wolność emocjonalna to stan, w którym jednostka nie jest zależna od automatycznych reakcji i jest w stanie działać autonomicznie, nawet w sytuacjach trudnych emocjonalnie. Ta wolność jest ostatecznym celem Metody UMYSŁU, która umożliwia jednostce świadome reagowanie i unikanie zależności od reaktywnych i dysfunkcjonalnych wzorców. Regularnie ćwicząc techniki tej metody, jednostka zdobywa umiejętności samoregulacji, które wspierają zrównoważoną i zdrową reakcję emocjonalną.

Metoda MIND przygotowuje jednostkę do życia, w którym może stawić czoła wyzwaniom emocjonalnym, nie stając się „zakładnikiem" własnych reakcji. Ta podróż ku emocjonalnemu wyzwoleniu nie jest procesem szybkim ani prostym, ale jest praktyką, która prowadzi do zbudowania prawdziwej i trwałej autonomii emocjonalnej. Wolność emocjonalna oznacza, że jednostka posiada niezbędne narzędzia do utrzymania równowagi emocjonalnej, nawet w niesprzyjających okolicznościach, pozwalając na pełniejsze i bardziej świadome życie.

Przyszłość autonomii emocjonalnej

Podróż Metodą MIND stanowi przełom w rozumieniu i leczeniu automatycznych reakcji emocjonalnych. Metoda ta, oparta na neuronauce, terapii poznawczo-behawioralnej i dwujęzyczności, stanowi zintegrowane rozwiązanie dla osób poszukujących prawdziwej transformacji emocjonalnej. Pojęcie „emocjonalnego zakładnika" jest czymś, czego doświadcza wiele osób, nie wiedząc, że istnieje realny sposób na uwolnienie się z tego stanu. Postępując zgodnie z Metodą MIND, jednostka odkrywa, że neuronauka to nie tylko dziedzina teoretyczna, ale praktyczne narzędzie, które można wykorzystać do promowania rzeczywistych i trwałych zmian w życiu.

Przyszłość autonomii emocjonalnej leży w praktykach samowiedzy i samoregulacji, promowanych przez Metodę UMYSŁU. Jak konkluduje Judith Beck, „transformacja emocjonalna to ciągły proces uczenia się i adaptacji, w wyniku którego jednostka staje się zdolna do życia w sposób bardziej świadomy i niezależny" (BECK, J., 2011). Ta zdolność do adaptacji gwarantuje długowieczność postępu emocjonalnego, pozwalając jednostce budować życie oparte na równowadze emocjonalnej i wolności wyboru.

Dzięki praktykom Metody MIND wolność emocjonalna nie jest już abstrakcyjną ideą, ale dostępną rzeczywistością. Jednostka uczy się budować i podtrzymywać tę wolność za pomocą technik terapii poznawczo-behawioralnej, dwujęzyczności i neuronauki, promując transformację emocjonalną, która umożliwia jej życie z odpornością i autonomią. Metoda MIND to zatem nie tylko metoda terapeutyczna, ale filozofia życia, która ceni świadomość, niezależność i zdolność człowieka do przekraczania ograniczeń emocjonalnych.

Propozycją Metody MIND jest zapewnienie każdej osobie kompletnej ścieżki do zrozumienia, przekształcenia i utrzymania swojej emocjonalnej autonomii. Podejście to jest szczególnie istotne w świecie, w którym wymagania emocjonalne są coraz większe i gdzie potrzeba równowagi jest niezbędna dla dobrego samopoczucia. Łącząc terapię poznawczo-behawioralną, dwujęzyczność i neuroplastyczność, Metoda MIND oferuje innowacyjną i praktyczną perspektywę wyzwolenia emocjonalnego.

Metoda ta stanowi znaczący postęp w zrozumieniu ludzkiego umysłu i opracowaniu praktyk promujących autonomię i odporność. Metoda MIND nie tylko uczy jednostkę, jak radzić sobie ze swoimi emocjami, ale także umożliwia jej kształtowanie, promując życie w świadomości i emocjonalnej niezależności. To jest prawdziwa wolność emocjonalna – życie, w którym jednostka nie jest zakładnikiem swoich automatycznych reakcji, ale raczej autorem własnych reakcji emocjonalnych.

Odniesienia bibliograficzne

BECK, Aaron T. *Terapia poznawcza i zaburzenia emocjonalne* . Książki o pingwinach, 1979.

BECK, Aaron T.; ALFORD, Brad A. *Depresja: przyczyny i leczenie* . Wydawnictwo Uniwersytetu Pensylwanii, 2011.

BECK, Judith S. *Terapia poznawczo-behawioralna: podstawy i nie tylko* . Guilford Press, 2011.

CAMERON-BANDLER, Leslie; LEBEAU, Michael. *Emocjonalny zakładnik* . Artykuł redakcyjny Summusa, 1993.

KANDEL, Eric R. *W poszukiwaniu pamięci: pojawienie się nowej nauki o umyśle* . WW Norton & Company, 2006.

MARIAN, Viorica. *Potęga języka: jak język kształtuje nasze życie i zmienia świat* . Duttona, 2023.

PAWŁENKO, Aneta. *Dwujęzyczne umysły: doświadczenie emocjonalne, ekspresja i reprezentacja* . Sprawy wielojęzyczności, 2006.

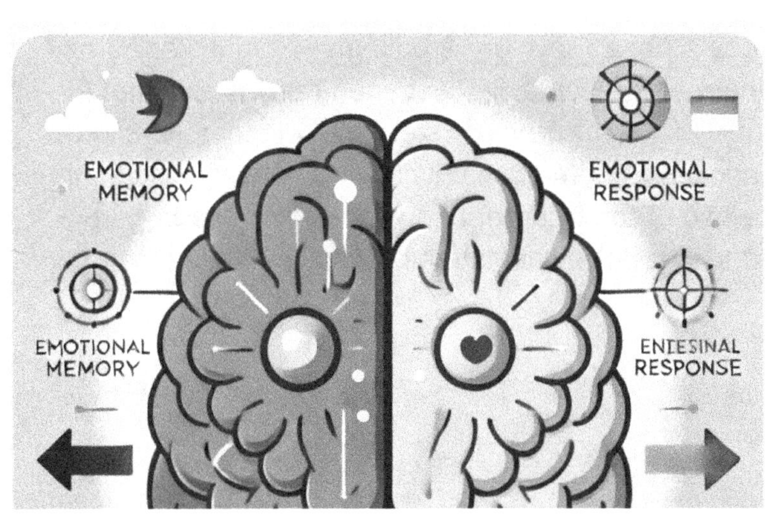

Rozdział 6: Pojęcie „wielojęzycznej nieświadomości"

W pracy *Babel nieświadomości* bada złożone i fascynujące zjawisko: wpływ dwujęzyczności i wielojęzyczności na nieświadomość oraz dynamikę psychiki. Zdaniem Jacqueline Amati-Mehler, Simony Argentieri i Jorge Canestri, autorów dzieła, język wykracza poza bycie środkiem komunikacji czy systemem reprezentacji; jest centralnym elementem struktury i formowania się nieświadomości oraz doświadczeń emocjonalnych, które kształtują osobowość. Teoria zaproponowana w książce sugeruje, że różne języki uwewnętrznione przez całe życie w unikalny sposób odnoszą się do różnych aspektów tożsamości, emocji i wspomnień.

Wprowadzając pojęcie „nieświadomości wielojęzycznej", autorzy otwierają pole badań badające wielość językową jako czynnik wzbogacający i jednocześnie komplikujący życie emocjonalne jednostki. Dla osób, które dorastają lub rozwijają się w kontekście wielojęzycznym, każdy język reprezentuje nie tylko zbiór słów i reguł gramatycznych, ale także ścieżkę dostępu do różnych warstw doświadczenia i pamięci. Ta perspektywa wykracza poza tradycyjną koncepcję nieświadomości, oferując wizję, w której języki używane przez jednostkę działają jak „portale" do różnorodnych tożsamości i emocji.

1. Podstawy psychoanalityczne: język ojczysty i „inny językowy"

U podstaw tej teorii leży wpływ koncepcji Zygmunta Freuda na temat nieświadomości, która uznaje język za jedną z dróg dostępu do wypartych treści i nieświadomych wspomnień. Według Freuda język ojczysty odgrywa kluczową rolę w rozwoju emocjonalnym i psychicznym, ponieważ to dzięki niemu powstają pierwsze więzi emocjonalne i doświadczenia świata. Język ojczysty staje się zatem „matrycą psychiczną", która organizuje pierwotne skojarzenia i znaczenia.

Autorzy *Babel nieświadomości* idą jednak dalej i wprowadzają pojęcie „Lingwistycznego Innego". Koncepcja ta opiera się na założeniu, że języki wyuczone po języku ojczystym – szczególnie te nabyte w intensywnych lub uderzających kontekstach emocjonalnych – zyskują inny status w nieświadomości. Tak więc, podczas gdy język ojczysty jest „oryginalnym terytorium emocjonalnym" jednostki, inne zinternalizowane języki stają się „alternatywnymi przestrzeniami psychicznymi", w których emocje, wspomnienia, a nawet traumy mogą zostać zinterpretowane i nadane im nowe znaczenia.

Teoria języka jako przestrzeni znaczeń jest również inspirowana przez myślicieli takich jak Jacques Lacan i Sándor Ferenczi, którzy twierdzą, że struktura języka kształtuje nieświadomość i wpływa na sposób przechowywania i dostępu do traumatycznych wspomnień i emocji. Według Lacana nieświadomość ma strukturę przypominającą język, a sposób, w jaki wyrażamy uczucia i wspomnienia, kształtuje nasze zrozumienie i internalizację tych doświadczeń. Autorzy stosują tę koncepcję, badając „Lingwistycznego Innego" jako sposób na uzyskanie dostępu do emocji, które mogą pozostać stłumione lub, w niektórych przypadkach, „znieczulone" w innych językach.

2. Psychodynamika zmiany języka w terapii

Jednym z najbardziej intrygujących wkładów *Babel nieświadomości* jest badanie przejścia między językami podczas terapii psychoanalitycznej. Autorzy argumentują, że zmieniając język, pacjent zaczyna doświadczać swoich wspomnień i emocji w „przesunięty" sposób, co może działać jako „bariera bezpieczeństwa", umożliwiająca mu dostęp do bolesnych doświadczeń i wyrażanie ich z mniejszą intensywnością emocjonalną. Ta praktyka naprzemiennego używania języków wykazała korzyści terapeutyczne, ponieważ ułatwia pracę z traumą, zmniejszając obciążenie emocjonalne, jakie niosą ze sobą wspomnienia odsłonięte w języku ojczystym.

W kontekście terapii zmiana ta może otworzyć nowe możliwości przeniesienia i przeciwprzeniesienia, umożliwiając terapeucie lepsze zrozumienie relacji pacjenta z jego własnymi wspomnieniami i skojarzeniami językowymi. Autorzy przedstawiają kilka studiów przypadków, aby zilustrować, jak zmiana języka może wywołać różne reakcje emocjonalne w zależności od używanego języka. W jednym ze zgłoszonych przypadków pacjentka stwierdziła, że podczas opowiadania o traumie w języku, który nie był jej językiem ojczystym, czuła się „obserwatorką" własnej historii, dzięki czemu udało jej się przeżyć to doświadczenie ponownie z mniejszym bólem i większym dystansem.

Neuronauka wyjaśnia to zjawisko jako konsekwencję zróżnicowanej aktywacji obszarów mózgu związanych z przetwarzaniem emocji, co pozwala jednostce zachować „bezpieczny dystans" od swoich emocji podczas wyrażania ich w drugim języku. Dzieje się tak, ponieważ używanie języka obcego zmniejsza aktywację układu limbicznego odpowiedzialnego za przetwarzanie emocji, ułatwiając dostęp do treści emocjonalnych w sposób bardziej racjonalny i mniej reaktywny.

---

3. Represje, procesy pamięciowe i językowe

Teoria wyparcia Freuda sugeruje, że bolesne lub niepokojące wspomnienia można „stłumić" w nieświadomości, nie znikając, ale przenosząc je w niedostępną przestrzeń umysłu. *Babel nieświadomości* rozwija tę koncepcję, badając, w jaki sposób represje mogą wystąpić w kontekście wielojęzycznym, gdzie określone języki stają się magazynami konkretnych wspomnień. Autorzy sugerują, że w scenariuszu wielojęzycznych represji bolesne wspomnienie może zostać „zablokowane" w konkretnym języku, co utrudnia dostęp do niego, gdy jednostka operuje w swoim języku ojczystym.

Zjawisko to, zwane przez autorów „Zamętem Babel", odnosi się do sposobu, w jaki nieświadomość może „podzielić" różne języki, utrzymując bolesne wspomnienia i emocje w stanie utajonym, dostępnym jedynie poprzez język obcy. Taka segregacja tworzy złożoną dynamikę psychiczną, w której wspomnienia można przywoływać lub unikać, w zależności od użytego języka. Proces ten jest szczególnie istotny w przypadku traumy, gdzie „Zamęt Babel" pozwala jednostce uporać się z bolesnymi wspomnieniami w łatwiejszy do opanowania i kontrolowany sposób.

Teoria ta jest zgodna z badaniami neurologicznymi, które pokazują, że wspomnienia związane z intensywnymi emocjami są przechowywane w określonych obszarach mózgu, do których można uzyskać dostęp w różny sposób w zależności od języka. Krótko mówiąc, zdolność nieświadomości do „segmentacji" doświadczeń językowych tworzy system selektywnego dostępu do wspomnień, w którym język pełni rolę klucza otwierającego lub zamykającego dostęp do określonych treści emocjonalnych.

4. Struktura i kształtowanie się Ja poprzez wielojęzyczność

Znaczna część książki poświęcona jest pojęciu „wielojęzyczności" i jego odróżnieniu od „poliglottyzmu". Podczas gdy poliglotyzm odnosi się do technicznej umiejętności posługiwania się kilkoma językami, wielojęzyczność wiąże się z emocjonalną i kulturową internalizacją wyuczonych języków, wywierając głęboki wpływ na kształtowanie się siebie i strukturę tożsamości. W wielojęzyczności każdy język staje się „przestrzenią emocjonalną", w której jednostka doświadcza różnych aspektów swojej osobowości, a nawet może rozwinąć wiele tożsamości związanych z każdym językiem.

Według autorów wielojęzyczność to stan, w którym „ja" jest podzielone na „ja", które odpowiadają różnym językom, które dana osoba zinternalizowała. Każdy język oferuje perspektywę i sposób bycia, tworząc wielość tożsamości, które współistnieją w obrębie jednostki. Zjawisko to często obserwuje się u osób żyjących w hybrydowych kontekstach kulturowych, gdzie każdy język reprezentuje nie tylko formę komunikacji, ale także emocjonalny związek z określonymi kulturami i kontekstami.

Tworzenie się tożsamości wielojęzycznych poprzez wielojęzyczność nawiązuje także do teorii Lacana, który twierdzi, że „ja" jest konstrukcją językową, zapośredniczoną przez język i przez niego kształtowaną. W wielojęzyczności „ja" nie jest stałą jednostką, ale kompozycją kilku wewnętrznych „głosów", które dostosowują się i zmieniają w zależności od używanego języka. Ten dynamiczny proces pozwala jednostce doświadczyć różnych wersji siebie, z których każda jest powiązana z innym językiem i zestawem skojarzeń emocjonalnych.

5. Język w procesie terapeutycznym

W kontekście terapeutycznym autorzy *Babel nieświadomości* argumentują, że język może być potężnym narzędziem umożliwiającym dostęp do obszarów nieświadomości, które pozostają ukryte w języku ojczystym. Jednym z analizowanych w książce zjawisk jest „cisza nieświadomości", która pojawia się, gdy komunikacja w języku obcym pozostawia luki i tworzy dystans emocjonalny, który ułatwia racjonalną analizę bolesnych treści. Ciszę tę można wykorzystać jako zasób terapeutyczny, gdzie terapeuta wykorzystuje brak płynności emocjonalnej w drugim języku, aby zmniejszyć ładunek afektywny raportów.

Co więcej, strategiczne użycie języka w terapii pozwala terapeucie poruszać się po różnych „warstwach językowych" nieświadomości pacjenta. Prowadząc pacjenta do mówienia w obcym języku, terapeuta ułatwia emocjonalną „dekompresję" i otwiera nowe sposoby przeformułowania traum. Książka szczegółowo opisuje, w jaki sposób terapeuci mogą włączyć zmiany językowe do procesu terapeutycznego, aby zbadać stłumione emocje i zbudować bezpieczną przestrzeń dla pacjenta.

Babel nieświadomości oferuje unikalne i dogłębne podejście do zrozumienia, w jaki sposób różne języki, których jednostka uczy się przez całe życie, wpływają na strukturę i dynamikę nieświadomości. Język ojczysty, języki wtórne i konteksty kulturowe związane z każdym językiem tworzą sieć złożonych skojarzeń emocjonalnych, które wpływają na sposób, w jaki jednostka doświadcza i przetwarza swoje emocje. Autorzy sugerują, że zrozumienie i wykorzystanie potencjału dwujęzyczności i wielojęzyczności umożliwia opracowanie innowacyjnych podejść terapeutycznych, które ułatwiają eksplorację i przeformułowanie wspomnień i emocji.

Model zaproponowany przez autorów to nie tylko teoria, ale praktyka psychoanalityczna, która ukazuje, w jaki sposób wielość językowa kształtuje umysł, nieświadomość oraz zdolność jednostki do stawienia czoła i reinterpretacji swoich doświadczeń emocjonalnych. W ten sposób *Babel nieświadomości* stanowi niezbędną pracę dla psychoanalityków, psychologów i specjalistów zajmujących się zdrowiem psychicznym, którzy chcą zbadać głęboki wpływ języka na ludzką psychikę.

Odniesienia bibliograficzne

AMATI-MEHLER, Jacqueline; ARGENTIERI, Simona; CANESTRI, Jorge. *Babel nieświadomości: język ojczysty i języki obce w wymiarze psychoanalitycznym* . Madison, Connecticut: International Universities Press, 1993.

BECKAaron T. *Terapia poznawcza i zaburzenia emocjonalne* . Nowy Jork: Penguin Books, 1979.

BECK, Aaron T.; ALFORD, Brad A. *Depresja: przyczyny i leczenie* . Filadelfia: University of Pennsylvania Press, 2011.

BECK, Judith S. *Terapia poznawczo-behawioralna: podstawy i nie tylko* . wydanie 2. Nowy Jork: Guilford Press, 2011.

CAMERON-BANDLER, Leslie; LEBEAU, Michael. *Emocjonalny zakładnik* . São Paulo: Summus Editorial, 1993.

ELLIS, Albert. *Rozum i emocje w psychoterapii* . Nowy Jork: Birch Lane Press, 1994.

KANDEL, Eric R. *W poszukiwaniu pamięci: pojawienie się nowej nauki o umyśle* . Nowy Jork: WW Norton & Company, 2006.

KÖHLER, Wolfgang. *Miejsce wartości w świecie faktów* . Nowy Jork: Liveright Publishing Corporation, 1938.

MARIAN, Viorica. *Potęga języka: jak język kształtuje nasze życie i zmienia świat* . Nowy Jork: Dutton, 2023.

PAWŁENKO, Aneta. *Dwujęzyczne umysły: doświadczenie emocjonalne, ekspresja i reprezentacja* . Clevedon: Sprawy wielojęzyczne, 2006.

SZASZ, Tomasz. *Mit choroby psychicznej: podstawy teorii postępowania osobistego* . Nowy Jork: Harper & Row, 1961.

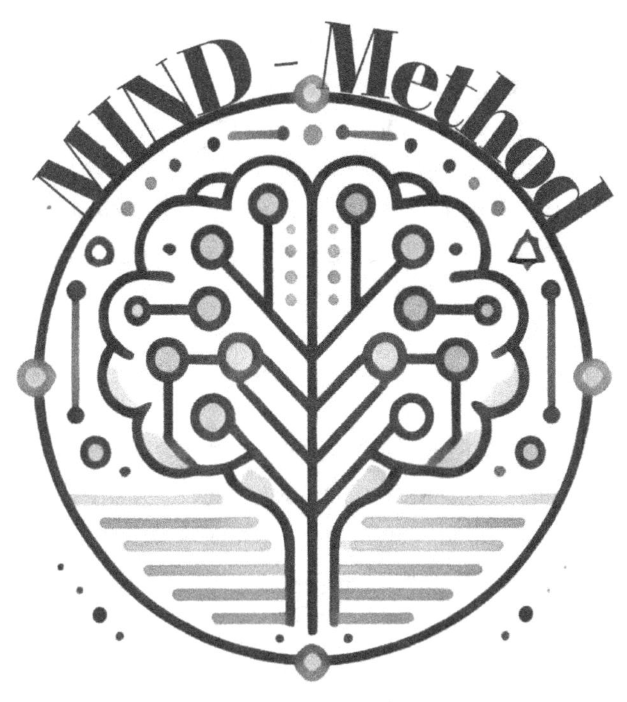

 Drugi język jako element „dystansu emocjonalnego"

Dystans emocjonalny i proces mentalnej „rekonfiguracji".

Język ojczysty niesie ze sobą głęboką wagę emocjonalną, szczególnie w przypadku intensywnych wspomnień i traum. Myśląc lub mówiąc o bolesnych doświadczeniach w języku obcym, osoba może odczuwać emocjonalne „oddzielenie" od zdarzenia. Dzieje się tak, ponieważ obwody emocjonalne w mózgu związane z językiem ojczystym są mniej aktywne, co pozwala na percepcję mniej naładowaną intensywnymi uczuciami. Dystans ten ułatwia rekonfigurację traumatycznych wspomnień i zapewnia bezpieczniejszą przestrzeń do radzenia sobie z emocjami.

Język jako narzędzie transformacji i tożsamości

Nauka nowego języka może być sposobem na poznanie nowej tożsamości, co jest szczególnie cenne w procesach zdrowienia emocjonalnego. Osoby uczące się nowego języka często zauważają zmianę w sposobie myślenia i wyrażania siebie, a nawet doświadczają różnych „osobowości" w każdym języku. Osobie zmagającej się z depresją proces ten może pomóc w zbudowaniu nowego poczucia siebie, wolnego od negatywnych skojarzeń zakorzenionych w języku ojczystym.

Narracje i terapia językowa

W praktykach terapeutycznych użycie języka obcego może ułatwić narrację o bolesnych wydarzeniach. Zamiast relacjonować traumę w języku, w którym słowa są silnie naładowane osobistym znaczeniem, użycie innego języka tworzy rodzaj „emocjonalnego tłumaczenia", które może pomóc pacjentowi na nowo zinterpretować traumę, tak jakby była to historia opowiedziana przez kogoś innego. Niektóre badania wykazały, że używanie drugiego języka może pomóc osobie wytworzyć „emocjonalne odłączenie" od treści traumy, ułatwiając jej przepracowanie.

Kreatywność i rekonstrukcja neuronowa

Badania pokazują, że nauka nowego języka aktywuje neuroplastyczność – zdolność mózgu do adaptacji i tworzenia nowych połączeń. Ta pojemność mózgu jest ważna w procesie zdrowienia po zaburzeniach takich jak depresja, gdy obwody mózgowe często „utożsamiają się" z negatywnymi wzorcami myślowymi. Nauka języka wymaga od mózgu tworzenia nowych ścieżek i wzorców myślowych, co pomaga odejść od cyklów przeżuwania związanych z depresją.

Pamięć i język: reorganizacja przeszłości

Bolesne wspomnienia często kojarzą się ze słowami i pojęciami w języku ojczystym. Wprowadzenie nowego języka, zwłaszcza podczas ponownego odwiedzania tych wspomnień, może ułatwić mentalne „przetłumaczenie" wydarzeń, co czyni je mniej intensywnymi. Może to pozwolić danej osobie na ponowne przeglądanie wspomnień w bardziej kontrolowany i mniej emocjonalny sposób, rekonstruując narracje w mniej wpływowy sposób. Praktyka ta może również pomóc w depersonalizacji traumy, czyniąc ją łatwiejszą do opanowania.

Przykłady i odpowiednie badania

Badania psycholingwistyczne: Badania wskazują, że ludzie odczuwają i wyrażają emocje intensywniej w swoim języku ojczystym. Kiedy opisujemy emocje w drugim języku, reakcje emocjonalne są często mniej intensywne, co sugeruje, że język obcy zapewnia „bezpieczną strefę" do zgłębiania bolesnych kwestii.

Przykłady literackie i biograficzne: Pisarze tacy jak Vladimir Nabokov i Samuel Beckett, którzy w swoich dziełach używali wielu języków, badali ten „emocjonalny dystans", pisząc o bolesnych tematach w językach obcych. Ten zasób literacki pozwolił im zająć się tematami osobistymi w bardziej obiektywny i kontrolowany sposób.

Zastosowania w życiu praktycznym i terapeutycznym

W terapii do takiego podejścia mogą zachęcać psychologowie i lingwiści, którzy dostrzegają wartość w technikach rekontekstualizacji. Na przykład ćwiczenia terapeutyczne, które zachęcają pacjenta do pisania lub mówienia o traumie w drugim języku, mogą zapewnić nowy sposób przetwarzania tego, co się wydarzyło.

Postrzeganie nauki nowego języka jako „okna" umożliwiającego uwolnienie się od negatywnych skojarzeń z przeszłością może być motywem przewodnim Twojej książki, traktującym język nie tylko jako komunikację, ale także jako narzędzie odkrywania na nowo i uzdrawiania emocjonalnego.

Wprowadzenie do koncepcji „wielojęzycznej nieświadomości"

Książka *Babel nieświadomości* bada złożone i fascynujące zjawisko: wpływ dwujęzyczności i wielojęzyczności na nieświadomość oraz dynamikę psychiki. Zdaniem Jacqueline Amati-Mehler, Simony Argentieri i Jorge Canestri, autorów dzieła, język wykracza poza bycie środkiem komunikacji czy systemem reprezentacji; jest centralnym elementem struktury i formowania się nieświadomości oraz doświadczeń emocjonalnych, które kształtują osobowość. Teoria zaproponowana w książce sugeruje, że różne języki uwewnętrznione przez całe życie w unikalny sposób odnoszą się do różnych aspektów tożsamości, emocji i wspomnień.

Wprowadzając pojęcie „nieświadomości wielojęzycznej", autorzy otwierają pole badań badające wielość językową jako czynnik wzbogacający i jednocześnie komplikujący życie emocjonalne jednostki. Dla osób, które dorastają lub rozwijają się w kontekście wielojęzycznym, każdy język reprezentuje nie tylko zbiór słów i reguł gramatycznych, ale także ścieżkę dostępu do różnych warstw doświadczenia i pamięci. Ta perspektywa wykracza poza tradycyjną koncepcję nieświadomości, oferując wizję, w której języki używane przez jednostkę działają jak „portale" do różnych tożsamości i emocji.

1. Podstawy psychoanalityczne: język ojczysty i „inny językowy"

U podstaw tej teorii leży wpływ koncepcji Zygmunta Freuda na temat nieświadomości, która uznaje język za jedną z dróg dostępu do wypartych treści i nieświadomych wspomnień. Według Freuda język ojczysty odgrywa kluczową rolę w rozwoju emocjonalnym i psychicznym, ponieważ to dzięki niemu powstają pierwsze więzi emocjonalne i doświadczenia świata. Język ojczysty staje się zatem „matrycą psychiczną", która organizuje pierwotne skojarzenia i znaczenia.

Autorzy *Babel nieświadomości* idą jednak dalej i wprowadzają pojęcie „Lingwistycznego Innego". Koncepcja ta opiera się na założeniu, że języki wyuczone po języku ojczystym – szczególnie te nabyte w intensywnych lub uderzających kontekstach emocjonalnych – zyskują inny status w nieświadomości. Tak więc, podczas gdy język ojczysty jest „oryginalnym terytorium emocjonalnym" jednostki, inne zinternalizowane języki stają się „alternatywnymi przestrzeniami psychicznymi", w których emocje, wspomnienia, a nawet traumy mogą zostać zinterpretowane i nadane im nowe znaczenia.

Teoria języka jako przestrzeni znaczeń jest również inspirowana przez myślicieli takich jak Jacques Lacan i Sándor Ferenczi, którzy twierdzą, że struktura języka kształtuje nieświadomość i wpływa na sposób przechowywania i dostępu do traumatycznych wspomnień i emocji. Według Lacana nieświadomość ma strukturę przypominającą język, a sposób, w jaki wyrażamy uczucia i wspomnienia, kształtuje nasze zrozumienie i internalizację tych doświadczeń. Autorzy stosują tę koncepcję, badając „Lingwistycznego Innego" jako sposób na uzyskanie dostępu do emocji, które mogą pozostać stłumione lub, w niektórych przypadkach, „znieczulone" w innych językach.

2. Psychodynamika zmiany języka w terapii

Jednym z najbardziej intrygujących wkładów *Babel nieświadomości* jest badanie przejścia między językami podczas terapii psychoanalitycznej. Autorzy argumentują, że zmieniając język, pacjent zaczyna doświadczać swoich wspomnień i emocji w „przesunięty" sposób, co może działać jako „bariera bezpieczeństwa", umożliwiająca mu dostęp do bolesnych doświadczeń i wyrażanie ich z mniejszą intensywnością emocjonalną. Ta praktyka naprzemiennego używania języków wykazała korzyści terapeutyczne, ponieważ ułatwia pracę z traumą, zmniejszając obciążenie emocjonalne, jakie niosą ze sobą wspomnienia odsłonięte w języku ojczystym.

W kontekście terapii zmiana ta może otworzyć nowe możliwości przeniesienia i przeciwprzeniesienia, umożliwiając terapeucie lepsze zrozumienie relacji pacjenta z jego własnymi wspomnieniami i skojarzeniami językowymi. Autorzy przedstawiają kilka studiów przypadków, aby zilustrować, jak zmiana języka może wywołać różne reakcje emocjonalne w zależności od używanego języka. W jednym ze zgłoszonych przypadków pacjentka stwierdziła, że podczas opowiadania o traumie w języku, który nie był jej językiem ojczystym, czuła się „obserwatorką" własnej historii, dzięki czemu udało jej się przeżyć to doświadczenie ponownie z mniejszym bólem i większym dystansem.

Neuronauka wyjaśnia to zjawisko jako konsekwencję zróżnicowanej aktywacji obszarów mózgu związanych z przetwarzaniem emocji, co pozwala jednostce zachować „bezpieczny dystans" od swoich emocji podczas wyrażania ich w drugim języku. Dzieje się tak, ponieważ używanie języka obcego zmniejsza aktywację układu limbicznego odpowiedzialnego za przetwarzanie emocji, ułatwiając dostęp do treści emocjonalnych w sposób bardziej racjonalny i mniej reaktywny.

3. Represje, procesy pamięciowe i językowe

Teoria wyparcia Freuda sugeruje, że bolesne lub niepokojące wspomnienia można „stłumić" w nieświadomości, nie znikając, ale przenosząc je w niedostępną przestrzeń umysłu. *Babel nieświadomości* rozwija tę koncepcję, badając, w jaki sposób represje mogą wystąpić w kontekście wielojęzycznym, gdzie określone języki stają się magazynami konkretnych wspomnień. Autorzy sugerują, że w scenariuszu wielojęzycznych represji bolesne wspomnienie może zostać „zablokowane" w konkretnym języku, co utrudnia dostęp do niego, gdy jednostka operuje w swoim języku ojczystym.

Zjawisko to, zwane przez autorów „Zamętem Babel", odnosi się do sposobu, w jaki nieświadomość może „podzielić" różne języki, utrzymując bolesne wspomnienia i emocje w stanie utajonym, dostępnym jedynie poprzez język obcy. Taka segregacja tworzy złożoną dynamikę psychiczną, w której wspomnienia można przywoływać lub unikać, w zależności od użytego języka. Proces ten jest szczególnie istotny w przypadku traumy, gdzie „Zamęt Babel" pozwala jednostce uporać się z bolesnymi wspomnieniami w łatwiejszy do opanowania i kontrolowany sposób.

Teoria ta jest zgodna z badaniami neurologicznymi, które pokazują, że wspomnienia związane z intensywnymi emocjami są przechowywane w określonych obszarach mózgu, do których można uzyskać dostęp w różny sposób w zależności od języka. Krótko mówiąc, zdolność nieświadomości do „segmentacji" doświadczeń językowych tworzy system selektywnego dostępu do wspomnień, w którym język pełni rolę klucza otwierającego lub zamykającego dostęp do określonych treści emocjonalnych.

---

4. Struktura i kształtowanie się Ja poprzez wielojęzyczność

Znaczna część książki poświęcona jest pojęciu „wielojęzyczności" i jego odróżnieniu od „poliglottyzmu". Podczas gdy poliglotyzm odnosi się do technicznej umiejętności posługiwania się kilkoma językami, wielojęzyczność wiąże się z emocjonalną i kulturową internalizacją wyuczonych języków, wywierając głęboki wpływ na kształtowanie się siebie i strukturę tożsamości. W wielojęzyczności każdy język staje się „przestrzenią emocjonalną", w której jednostka doświadcza różnych aspektów swojej osobowości, a nawet może rozwinąć wiele tożsamości związanych z każdym językiem.

Według autorów wielojęzyczność to stan, w którym „ja" jest podzielone na „ja", które odpowiadają różnym językom, które dana osoba zinternalizowała. Każdy język oferuje perspektywę i sposób bycia, tworząc wielość tożsamości, które współistnieją w obrębie jednostki. Zjawisko to często obserwuje się u osób żyjących w hybrydowych kontekstach kulturowych, gdzie każdy język reprezentuje nie tylko formę komunikacji, ale także emocjonalny związek z określonymi kulturami i kontekstami.

Tworzenie się tożsamości wielojęzycznych poprzez wielojęzyczność nawiązuje także do teorii Lacana, który twierdzi, że „ja" jest konstrukcją językową, zapośredniczoną przez język i przez niego kształtowaną. W wielojęzyczności „ja" nie jest stałą jednostką, ale kompozycją kilku wewnętrznych „głosów", które dostosowują się i zmieniają w zależności od używanego języka. Ten dynamiczny proces pozwala jednostce doświadczyć różnych wersji siebie, z których każda jest powiązana z innym językiem i zestawem skojarzeń emocjonalnych.

5. Język w procesie terapeutycznym

W kontekście terapeutycznym autorzy *Babel nieświadomości* argumentują, że język może być potężnym narzędziem umożliwiającym dostęp do obszarów nieświadomości, które pozostają ukryte w języku ojczystym. Jednym z analizowanych w książce zjawisk jest „cisza nieświadomości", która pojawia się, gdy komunikacja w języku obcym pozostawia luki i tworzy dystans emocjonalny, który ułatwia racjonalną analizę bolesnych treści. Ciszę tę można wykorzystać jako zasób terapeutyczny, gdzie terapeuta wykorzystuje brak płynności emocjonalnej w drugim języku, aby zmniejszyć ładunek afektywny raportów.

Co więcej, strategiczne użycie języka w terapii pozwala terapeucie poruszać się po różnych „warstwach językowych" nieświadomości pacjenta. Prowadząc pacjenta do mówienia w obcym języku, terapeuta ułatwia emocjonalną „dekompresję" i otwiera nowe sposoby przeformułowania traum. Książka szczegółowo opisuje, w jaki sposób terapeuci mogą włączyć zmiany językowe do procesu terapeutycznego, aby zbadać stłumione emocje i zbudować bezpieczną przestrzeń dla pacjenta.

Babel nieświadomości oferuje unikalne i dogłębne podejście do zrozumienia, w jaki sposób różne języki, których jednostka uczy się przez całe życie, wpływają na strukturę i dynamikę nieświadomości. Język ojczysty, języki wtórne i konteksty kulturowe związane z każdym językiem tworzą sieć złożonych skojarzeń emocjonalnych, które wpływają na sposób, w jaki jednostka doświadcza i przetwarza swoje emocje. Autorzy sugerują, że zrozumienie i wykorzystanie potencjału dwujęzyczności i wielojęzyczności umożliwia opracowanie innowacyjnych podejść terapeutycznych, które ułatwiają eksplorację i przeformułowanie wspomnień i emocji.

Model zaproponowany przez autorów to nie tylko teoria, ale praktyka psychoanalityczna, która ukazuje, w jaki sposób wielość językowa kształtuje umysł, nieświadomość oraz zdolność jednostki do stawienia czoła i reinterpretacji swoich doświadczeń emocjonalnych. W ten sposób *Babel nieświadomości* stanowi niezbędną pracę dla psychoanalityków, psychologów i specjalistów zajmujących się zdrowiem psychicznym, którzy chcą zbadać głęboki wpływ języka na ludzką psychikę.

Odniesienia bibliograficzne

AMATI-MEHLER, Jacqueline; ARGENTIERI, Simona; CANESTRI, Jorge. *Babel nieświadomości: język ojczysty i języki obce w wymiarze psychoanalitycznym* .

Madison, Connecticut: International Universities Press, 1993.

BECKAaron T. *Terapia poznawcza i zaburzenia emocjonalne* . Nowy Jork: Penguin Books, 1979.

Rozdział 8 – Protokół mający na celu całkowite wycofanie leków przeciwdepresyjnych metodą MIND

W przypadku tego protokołu, którego celem jest całkowite odstawienie leków przeciwdepresyjnych przy użyciu Metody MIND, przedstawię szczegółowy opis dla terapeutów i laików. Plan ten koncentruje się na stopniowym podejściu do pacjentów stosujących leki przeciwdepresyjne, ze szczególnym naciskiem na substancje takie jak **deswenlafaksyna** (znana w handlu jako Pristiq), **wenlafaksyna** (nazwa ogólna podobna do desvenlafaksyny) i **bupropion** (nazwa handlowa Wellbutrin lub Zyban). Proponowane podejście opracowano na podstawie doświadczeń z tymi lekami, które należą do klasy leków przeciwdepresyjnych znanych jako inhibitory wychwytu zwrotnego serotoniny i noradrenaliny (SNRI) oraz inhibitory wychwytu zwrotnego noradrenaliny i dopaminy (NDRI).

▲ **Ważna uwaga dla opornych:** Ten protokół jest sugestią opartą na psychoterapii, terapii poznawczo-behawioralnej i psychologii klinicznej, a nie psychiatrii. Okresy stosowania i zmniejszania dawki powinny być zawsze nadzorowane przez psychiatrę.

Protokół szczegółowy dla terapeutów

Cel Protokołu

Protokół ten oferuje plan stopniowego odstawiania określonych leków przeciwdepresyjnych, mający na celu zminimalizowanie objawów odstawienia i uzależnienia emocjonalnego za pomocą wsparcia psychoanalitycznego, terapii poznawczo-behawioralnej i dwujęzyczności, jak opisano w metodzie MIND. Podkreślamy, że inne klasy leków, takie jak benzodiazepiny (działające na układ GABA, takie jak klonazepam, znany w handlu jako Rivotril), mogą nie reagować w ten sam sposób na to podejście i muszą przestrzegać określonych protokołów odstawiennych.

Krok po kroku odstawianie leków przeciwdepresyjnych ze wsparciem terapeutycznym

1. **Wstępna ocena i planowanie z psychiatrą**

Ocena leków i historia pacjenta : Terapeuta ocenia historię stosowania leków przeciwdepresyjnych, sprawdzając klasę i aktualne dawkowanie, a także ewentualne skutki uboczne, jakie mogą wystąpić u pacjenta.

Konsultacja z psychiatrą w celu ustalenia harmonogramu redukcji dawki : Wspólnie z psychiatrą ustalany jest wstępny harmonogram redukcji dawki o 50% aktualnej dawki na pewien okres (określony na podstawie odpowiedzi pacjenta) przed nową konsultacją i oceną.

▲ **Przykład dla terapeuty** : Jeśli pacjent stosuje 100 mg desvenlafaksyny, psychiatra może zalecić zmniejszenie dawki do 50 mg na okres od 3 do 6 tygodni, monitorując reakcję i objawy odstawienne. Po tym okresie terapeuta będzie monitorował pacjenta pod kątem reakcji emocjonalnej i dostosuje zastosowanie technik terapeutycznych, aby zapewnić wsparcie emocjonalne na tym etapie.

2. Zastosowanie terapii poznawczo-behawioralnej ze szczególnym uwzględnieniem restrukturyzacji poznawczej

Identyfikowanie i kwestionowanie podstawowych przekonań : Terapia poznawczo-behawioralna pomaga w identyfikacji automatycznych myśli i kluczowych przekonań, które mogą być powiązane z obawami związanymi z odstawieniem leków.

Ćwiczenia restrukturyzujące drugi język : Poinstruuj pacjenta, aby zwerbalizował automatyczne myśli (na przykład: „Nie będę mógł żyć bez leków przeciwdepresyjnych") w drugim języku, co zmniejsza związaną z nim intensywność emocjonalną, ułatwiając zadawanie pytań.

Praktyczny przykład dla pacjenta : Terapeuta może poinstruować pacjenta, jak opisać w języku angielskim lub hiszpańskim trudną sytuację, którą udało się przezwyciężyć bez pomocy leków. Tworzy to przestrzeń emocjonalnego dystansu i ułatwia przeformułowanie ograniczających przekonań.

3. Monitorowanie objawów i ciągłość protokołu

Kwartalna ocena psychiatryczna w pierwszym roku : W pierwszym roku pacjent powinien zgłaszać się do psychiatry co cztery miesiące w celu monitorowania. W drugim roku monitorowanie odbywa się co sześć miesięcy; a w trzecim roku co roku lub w razie potrzeby.

Przykład techniki samoobserwacji : Zachęć pacjenta do prowadzenia pamiętnika, w którym zapisuje swój stan emocjonalny, w tym momenty największej bezbronności i osiągnięcia podczas odstawienia.

4. Kontynuacja procesu ze stopniowymi redukcjami

Nowa obniżka o 50% po Jeżeli pacjent zaczął od dawki 100 mg i obniżył ją do 50 mg, następna redukcja będzie wynosić 25 mg.

Znaczenie dwujęzyczności i neuroplastyczności : Poinstruuj pacjenta, aby stosował praktyki dwujęzyczności, które promują neuroplastyczność i pomagają mózgowi tworzyć nowe reakcje emocjonalne bez konieczności stosowania leków.

5. Regularne sesje CBT w celu wzmocnienia emocjonalnego

Cotygodniowe lub dwutygodniowe sesje CBT : Pracuj nad strukturą emocjonalną pacjenta, aby mógł on samoregulować się w okresie odstawienia.

Wykorzystanie narzędzi metody MIND : Integracja dwujęzyczności, gdzie pacjent może zgłaszać postępy i wątpliwości w drugim języku, wzmacniając niezależność emocjonalną.

Dla osób rozważających użycie **marihuany medycznej** jako potencjalnego wsparcia w procesie odstawienia leków przeciwdepresyjnych, istnieją wstępne dowody wskazujące, że niektóre składniki konopi, takie jak **kanabidiol (CBD)** , mogą pomóc w opanowaniu objawów lęku i poprawie jakości snu, typowe objawy podczas odstawiania leków przeciwdepresyjnych.

W szczególności kanabidiol był przedmiotem badań pod kątem jego właściwości przeciwlękowych i neuroprotekcyjnych. Badanie opublikowane w *Journal of Clinical Psychology* wskazuje, że CBD może mieć obiecujące działanie w modulowaniu układu endokannabinoidowego, sprzyjając łagodzeniu objawów lęku i stresu, co może ułatwić proces stopniowego odstawiania leków przeciwdepresyjnych (Crippa i in., 2018). . W przeciwieństwie do innych składników konopi indyjskich, takich jak tetrahydrokannabinol (THC), CBD nie ma skutków psychoaktywnych, co czyni go bezpieczniejszą opcją do stosowania terapeutycznego w kontekście zdrowia psychicznego.

Należy jednak pamiętać, że **legalność i regulacje dotyczące używania marihuany do celów**

medycznych znacznie się różnią w zależności od kraju i regionu. W niektórych lokalizacjach dostęp do CBD można uzyskać pod nadzorem lekarza w celach terapeutycznych, podczas gdy w innych użycie jest ograniczone lub nieautoryzowane. Zaleca się, aby zainteresowani pacjenci porozmawiali ze swoim lekarzem, aby ocenić, czy stosowanie marihuany medycznej jest właściwe i bezpieczne, biorąc pod uwagę lokalne przepisy i indywidualny profil zdrowia.

Odniesienia bibliograficzne:

Crippa, JA, Derenusson, GN, Ferrari, TB, Wichert-Ana, L., Duran, F., Martín-Santos, R., ... i McGuire, PK (2018). *Kannabidiol jako potencjalne leczenie zaburzeń lękowych.* Journal of Psychology Klinicznej

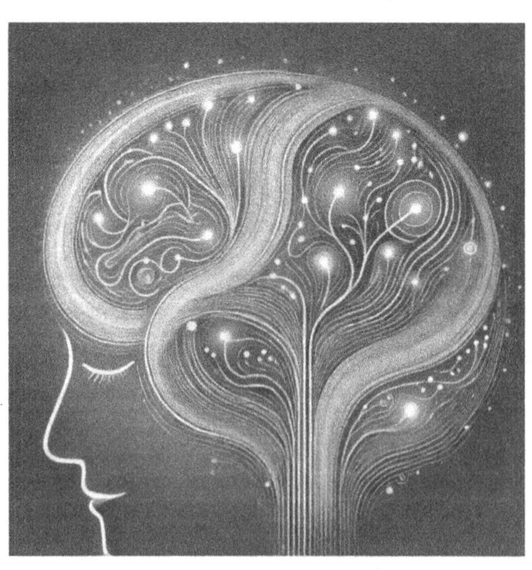

Protokół wyjaśniający dla laików

Cel Protokołu dla manekinów

Protokół ten stanowi sugestię odstawienia leków przeciwdepresyjnych przy wsparciu terapii psychospołecznych, takich jak CBT i psychoanaliza, z wykorzystaniem Metody MIND. **Ważne** : Odstawienie leku powinno odbywać się wyłącznie pod nadzorem psychiatry.

Leki skoncentrowane

Podejście to koncentruje się szczególnie na lekach przeciwdepresyjnych z klasy **SNRI** , takich jak desvenlafaksyna (*Pristiq*) i wenlafaksyna oraz **klasach NRI** , takich jak bupropion (*Wellbutrin* , *Zyban*). W przypadku innych klas, takich jak benzodiazepiny (np. klonazepam/ *Rivotril*), protokół może nie być odpowiedni. Leki te działają inaczej i wymagają własnych wytycznych.

Kroki protokołu

1.   **Wstępne planowanie**

Przygotowanie Konsultacje z psychiatrą i terapeutą : Pacjent musi odbyć wstępne konsultacje, aby zrozumieć plan odstawienia. Psychiatra określi początkowy schemat zmniejszania dawki o 50%, który będzie dostosowywany w zależności od odpowiedzi.

Przykład pacjenta : Jeśli zażyjesz 100 mg desvenlafaksyny, możesz zmniejszyć dawkę do 50 mg w określonym czasie, na przykład w miesiącu. W tym czasie powinieneś zapisać, jak się czujesz i zgłosić swojemu terapeucie wszelkie istotne objawy.

2. Pierwsze techniki terapii poznawczo-behawioralnej (CBT)

Dziennik myśli i emocji : Prowadź dziennik, w którym będziesz zapisywać negatywne myśli i swoje samopoczucie w ciągu dnia. Ten dziennik pomoże Tobie i Twojemu terapeucie zidentyfikować automatyczne wzorce myślowe.

Przykład praktyki w drugim języku : Jeśli to możliwe, opisywanie tych myśli w innym języku, na przykład angielskim lub hiszpańskim, pomaga zmniejszyć obciążenie emocjonalne, ułatwiając terapeucie bardziej racjonalną pracę nad tymi myślami.

3. Ponowna ocena i nowa stopniowa redukcja

Konsultacje kontrolne z psychiatrą (co 4 miesiące w pierwszym roku) : psychiatra oceni odpowiedź na protokół na 50% i może zmniejszyć o kolejne 50%, jeśli odpowiedź będzie pozytywna i obecna będzie stabilność emocjonalna.

Przykład progresji : Jeśli po miesiącu przyjmowania 50 mg poczujesz się stabilny, możesz zmniejszyć dawkę do 25 mg. Na każdym etapie redukcji będziesz nadal kontaktować się z terapeutą, aby wzmocnić swoją stabilność emocjonalną.

4. **Techniki restrukturyzacji poznawczej i dwujęzyczność**

Badanie myśli w innym języku : Podczas sesji z terapeutą będziesz badać myśli i lęki związane z wycofaniem w języku obcym, co ułatwia kontrolę emocjonalną nad tymi spostrzeżeniami.

Budowanie neuroplastyczności : Powtarzająca się praktyka wyrażania siebie w innym języku ułatwia tworzenie nowych połączeń neuronowych i promuje samoregulację emocjonalną.

5. **Utrzymywanie długoterminowej obserwacji**

Regularne konsultacje z psychiatrą i terapeutą : Kontrole lekarskie powinny odbywać się co 4 miesiące w pierwszym roku, co 6 miesięcy w drugim roku, a począwszy od trzeciego roku co roku lub zgodnie z zaleceniami terapeuty.

Przykład ćwiczenia wzmacniającego emocje : Terapeuta może poprosić Cię o wykonanie ćwiczeń w domu, takich jak ponowne przeglądanie pamiętnika w innym języku, aby utrwalić nowe wzorce emocjonalne.

Uwaga końcowa

Protokół ten opiera się na podejściu mającym silne poparcie w badaniach i praktycznych przypadkach dotyczących odstawiania leków przeciwdepresyjnych, takich jak deswenlafaksyna i bupropion. Jednak nie wszyscy pacjenci lub klasy leków reagują w ten sam sposób, dlatego monitorowanie medyczne i terapeutyczne jest niezbędne na wszystkich etapach procesu.

Rozdział 9: Czas porozmawiać z lekarzem i psychoterapeutą.

Jak wiadomo, dokładne wyjaśnienie, pod względem technicznym i obiektywnym, celów i podejść innowacyjnej metody terapeutycznej, takiej jak metoda MIND, może stanowić wyzwanie. Mając to na uwadze, na końcu tej książki zamieściliśmy dwa szczegółowe listy motywacyjne: jeden do **psychiatry** , drugi do **psychoanalityka lub psychologa** (przeszkolonego w zakresie terapii poznawczo-behawioralnej).

Listy te miały na celu przedstawienie jasnej i ugruntowanej wizji propozycji Metody MIND, opisując podejście, techniki i podstawową rolę tych specjalistów w całym procesie. Istotne jest, aby Metodę MIND rozumieć jako podejście uzupełniające, które wymaga stałego monitorowania przez specjalistów zajmujących się zdrowiem psychicznym. W ten sposób zarówno psychiatra, jak i terapeuta będą mogli współpracować, aby stosowanie technik było bezpieczne i skuteczne, z poszanowaniem ograniczeń i specyfiki leczenia każdego pacjenta.

-- ----------

List polecający do psychiatry

Drogi Doktorze [________________],

Chciałbym przedstawić Państwu Metodę MIND (Multilingual Immersive Neurocognitive Detachment Method), najnowsze podejście terapeutyczne, ale oparte na neuronauce, terapii poznawczo-behawioralnej (CBT) i psychoanalizie, w celu pomocy pacjentom w procesie przejścia i możliwa redukcja stopniowe stosowanie leków przeciwdepresyjnych. Chociaż książka opisująca tę metodę dotyczy stopniowego odstawiania leków przeciwdepresyjnych w uporządkowany sposób, nie jest ona proponowana jako unikalne rozwiązanie ani jako zamiennik monitorowania medycznego. Wręcz przeciwnie, metoda opiera się na partnerstwie z psychiatrą, który odgrywa zasadniczą rolę w całym procesie odstawiania leków, zgodnie z ewolucją emocjonalną pacjenta.

Metoda MIND oferuje podejście uzupełniające i integrujące, przeznaczone dla osób, które osiągnęły już pewien poziom stabilności emocjonalnej i które są zainteresowane zbadaniem możliwości zmniejszenia dawki leków, z poszanowaniem specyfiki i indywidualności każdego stanu klinicznego. Wiemy, że leki przeciwdepresyjne, takie jak **deswenlafaksyna (Pristiq)**, **wenlafaksyna** i **bupropion (Wellbutrin, Zyban)**, należące do klas inhibitorów wychwytu zwrotnego serotoniny i noradrenaliny oraz inhibitorów wychwytu zwrotnego dopaminy i noradrenaliny, mogą wywoływać warunkowe reakcje w układzie nerwowym, które prowadzą pacjenta w zależności od tych leków, aby utrzymać równowagę emocjonalną. Metodę MIND opracowano tak, aby zbadać rolę neuroplastyczności i terapii poznawczo-behawioralnej w oderwaniu emocjonalnym i promowaniu autonomii pacjentów, co czyni ją ważną opcją dla osób pragnących na nowo odkryć równowagę emocjonalną bez konieczności polegania na długotrwałych lekach.

W przypadku metody MIND proponowane ramy obejmują:

Neuroplastyczność i przeprogramowanie emocjonalne : Wykorzystując narzędzia CBT i dwujęzyczność, metoda ta zachęca mózg do tworzenia nowych sieci reakcji emocjonalnych, zmniejszając intensywność reakcji automatycznych.

Stopniowa rewizja podstawowych przekonań i wzorców emocjonalnych : Dwujęzyczność działa jak forma „emocjonalnego znieczulenia", pozwalając pacjentowi przepracować dysfunkcjonalne wspomnienia i przekonania w drugim języku, gdzie intensywność emocjonalna jest stępiona.

Współpraca z psychiatrą na rzecz stopniowej redukcji leków : Propozycja polega na stopniowej redukcji, podczas której początkowa dawka jest zmniejszana o około 50%, monitorowana w każdym odstępie od 4 do 8 tygodni, dostosowująca proces do odpowiedzi i stabilność pacjenta.

Należy podkreślić, że Metoda MIND nie oferuje magicznego rozwiązania ani uniwersalnego panaceum. Jako psychiatra Twoja rola jest kluczowa dla zapewnienia zdrowia pacjenta oraz bezpiecznego i rozsądnego zmniejszania dawki leków przeciwdepresyjnych. W pierwszym roku zaleca się przeprowadzanie konsultacji lekarskich co cztery miesiące w celu ścisłego monitorowania; W kolejnych latach konsultacje mogą odbywać się co pół roku, a następnie co roku lub w zależności od rozwoju danej sprawy.

Dziękujemy za uwagę związaną z rozważeniem Metody MIND jako możliwego uzupełnienia pracy już wykonanej z pacjentem, z szacunkiem i troską, które, jak wiemy, są niezbędne w przypadku jakiejkolwiek redukcji leczenia.

Z poważaniem,
Jimmy L. Mello

List polecający do psychoterapeuty

(Psychoanalityk lub psycholog ze szkoleniem TCC)

Drogi doktorze [_________________________],

Metoda MIND, czyli wielojęzyczna immersyjna metoda oderwania neurokognitywnego, to podejście terapeutyczne, które ma na celu wsparcie procesu przejścia, a w niektórych przypadkach stopniowego odstawiania leków przeciwdepresyjnych, w zależności od stabilności i stanu każdego pacjenta. Opracowana w oparciu o teorie neuronauki, psychoanalizy i terapii poznawczo-behawioralnej (CBT), metoda proponuje nowe spojrzenie na uzależnienie emocjonalne i narkotykowe, koncentrując się na autonomii emocjonalnej. Propozycja Metody MIND, jak omówiono w tej książce, nie zastępuje tradycyjnej psychoterapii; wręcz przeciwnie, jest to uzupełnienie wykorzystujące określone techniki, aby wesprzeć pacjenta w rozwijaniu zasobów emocjonalnych, które umożliwiają tę zmianę.

Metoda ta opiera się na koncepcji „emocjonalnego zakładnika", w przypadku której automatyczne i intensywne reakcje zamykają pacjenta we wzorcach zależności i reaktywności emocjonalnej. Metoda MIND wykorzystuje praktyki neuroplastyczności i dwujęzyczności, aby „dezaktywować" te automatyczne reakcje. Wracając do trudnych wspomnień lub ograniczających przekonań w drugim języku, pacjent znajduje „emocjonalne znieczulenie", które pozwala mu pracować nad tymi treściami z mniejszą intensywnością emocjonalną, ułatwiając oderwanie emocjonalne i rozwój nowych świadomych reakcji. W trakcie całego procesu praca z technikami terapii poznawczo-behawioralnej jest niezbędna, aby pacjent kwestionował i zrestrukturyzował swoje centralne i automatyczne przekonania.

Oto główne punkty, którymi zajmuje się Metoda MIND:

Terapia poznawczo-behawioralna (CBT) jako narzędzie do przeprogramowania emocjonalnego : Stosując techniki CBT, pacjent uczy się identyfikować i restrukturyzować automatyczne i dysfunkcyjne przekonania, wsparte ćwiczeniami dwujęzycznymi, aby stworzyć bardziej obiektywną perspektywę emocjonalną.

Dwujęzyczność i dystans emocjonalny : Praca z drugim językiem zmniejsza intensywność emocjonalną i pozwala pacjentowi uzyskać dostęp do wspomnień i przekonań w bardziej racjonalny sposób. Dwujęzyczność to technika dystansowania, która pomaga w stopniowym przejściu i ponownym sformułowaniu treści emocjonalnych.

Monitoring partnerski i multidyscyplinarny : Rola psychoterapeuty i psychiatry jest kluczowa. Proces redukcji leków polega na ciągłym monitorowaniu, aby przejście było bezpieczne, a pacjent mógł ustabilizować się emocjonalnie.

Istotne jest, aby Metodę MIND postrzegać jako źródło uzupełniające, a nie szybkie rozwiązanie lub izolowaną alternatywę dla tradycyjnej terapii. Ideą jest to, że psychoterapeuta pomaga pacjentowi zastosować techniki w sposób bezpieczny i spersonalizowany, oferując niezbędne wsparcie, aby metoda stała się użytecznym i skutecznym narzędziem w procesie terapeutycznym.

Przy pomocy terapii poznawczo-behawioralnej, psychoanalizy i monitorowania psychiatrycznego Metoda

MIND proponuje pacjentowi odzyskanie emocjonalnej autonomii i osiągnięcie równowagi w sposób stopniowy i trwały. Obecność wykwalifikowanego psychoterapeuty podczas całego procesu jest niezbędna, aby pacjent zrozumiał, przeformułował i zastosował nabytą wiedzę w swoim codziennym życiu.

Dziękuję za rozważenie włączenia Metody MIND do swojej praktyki terapeutycznej jako narzędzia uzupełniającego i jestem gotowy omówić wszelkie aspekty tej metody, które mogą pomóc pacjentowi stać się silniejszym emocjonalnie.

Pozdrawiam,
Jimmy L. Mello

Rozdział 10: Język podstawowy jako neutralna przestrzeń emocjonalna

Budowanie „alternatywnej tożsamości" za pomocą prostego języka

W procesie nauki nowego języka pierwsze poziomy – A1 i A2 – są często postrzegane jako powierzchowne wprowadzenie. Jednak do celów terapeutycznych te poziomy podstawowe mają unikalny potencjał. Stosowanie języka bezpośredniego, ze strukturalnymi zdaniami i ograniczonym słownictwem, daje pacjentowi szansę na komunikację bez emocjonalnej i kulturowej złożoności, która towarzyszy pełnej znajomości języka. Ten prosty i kontrolowany poziom staje się paradoksalnie przestrzenią bezpieczeństwa i dystansu, „neutralnym polem", w którym pacjent może eksplorować swoje emocje w sposób spokojniejszy i przy mniejszej reaktywności emocjonalnej.

Neutralna przestrzeń emocjonalna: nowe spojrzenie na wspomnienia i traumę

Używając podstawowego języka, pacjent zyskuje „nową duszę", czyli perspektywę, przestrzeń, w której emocje związane z językiem ojczystym zostają na chwilę odsunięte na bok. To nowe „ja" ma możliwość ponownego odwiedzenia wspomnień i emocji z innej, bardziej odległej i bardziej analitycznej perspektywy. Prostota komunikacji w nowym języku pomaga pacjentowi podejść do intensywnych przeżyć emocjonalnych bez pełnego ciężaru skojarzeń emocjonalnych, które są głęboko splecione w języku ojczystym.

W terapeutycznym kontekście Metody MIND to dystansowanie – któremu sprzyja prostota języka – znane jest jako **znieczulenie emocjonalne** . Używanie nowego języka, nawet na poziomie elementarnym, pozwala pacjentowi opowiadać, przewartościowywać, a nawet reinterpretować trudne doświadczenia bez zwykłego ładunku emocjonalnego, gdyż automatyczne reakcje związane z językiem ojczystym są „dezaktywowane". Ta „emocjonalna neutralność" staje się potężnym źródłem radzenia sobie ze wspomnieniami i uczuciami, zapewniając bezpieczniejsze podejście do pracy nad drażliwymi tematami.

Podstawowy język i depersonalizacja reakcji emocjonalnych

Metoda MIND wykorzystuje prostotę wyrażeń i bezpośrednich reakcji, charakterystyczne dla metod nauczania, takich jak Metoda Bezpośrednia i Metoda Mello, do budowania przestrzeni emocjonalnej depersonalizacji. Jest to proces, w którym pacjent nie musi martwić się otwartymi i złożonymi odpowiedziami; opiera się na wzorcu językowym i mentalnym, który pomaga kontrolować ekspresję emocjonalną, umożliwiając bardziej zamkniętą i bezpieczną eksplorację emocji. Jest to szansa na emocjonalny „reset", gdzie brak wolności językowej jest tak naprawdę korzyścią dla stabilności emocjonalnej.

Przyjmując ustrukturyzowaną i kierowaną metodę, pacjent jest zachęcany do obserwowania własnych procesów mentalnych i emocjonalnych w bardziej racjonalny sposób. Z tej „kontrolowanej przestrzeni" pacjent może doświadczyć oddzielenia się od intensywnych emocji, obserwując je z perspektywy zewnętrznej. Dystans ten sprzyja poczuciu kontroli i pozwala pacjentowi doświadczyć nowych reakcji emocjonalnych, zamiast po prostu reagować.

Praktyczny przykład: przeformułowanie trudnej pamięci

Wyobraź sobie pacjenta, który powraca do bolesnego wspomnienia – straty lub chwili odrzucenia. Odnosząc się do tego wspomnienia w swoim ojczystym języku, nieuchronnie aktywuje intensywne reakcje emocjonalne, takie jak smutek czy złość, które komplikują proces terapeutyczny. Teraz, wspominając to samo doświadczenie w podstawowym języku, pacjent używa prostych zdań, bez skomplikowanych niuansów: „Poczułem smutek"; „To był trudny czas". To uproszczone przeformułowanie pozwala pacjentowi podejść do doświadczenia w „bardziej płaski" i mniej groźny sposób, ułatwiając analizę i ewentualne oderwanie emocjonalne.

Poza podstawami: kiedy zakorzenia się nowa tożsamość emocjonalna

W miarę postępów terapii i budowania zaufania do swojej „nowej duszy" lub „alternatywnej tożsamości", którą zapewnia mu język obcy, pacjent zaczyna zdawać sobie sprawę, że może uzyskać dostęp do alternatywnych reakcji emocjonalnych w dowolnym momencie, także wtedy, gdy używa języka ojczystego. . Nauka języka, nawet na podstawowym poziomie, otwiera drzwi do bardziej adaptacyjnych i świadomych reakcji, budując solidny fundament pod emocjonalną autonomię.

W kontekście Metody MIND proces ten jest podróżą w kierunku wolności emocjonalnej: język staje się narzędziem, kanałem do przeformułowania wspomnień i reakcji w lżejszy i bardziej adaptacyjny sposób. Z biegiem czasu ta „nowa dusza" staje się czymś więcej niż techniką – staje się nowym sposobem doświadczania i interpretowania świata.

Adaptacja i zastosowanie metody MIND: badanie różnych kontekstów językowych i kulturowych

Jak widzieliśmy, Metoda MIND wykorzystuje transformacyjną moc drugiego języka na podstawowym poziomie, aby promować emocjonalne oderwanie się i budowanie alternatywnej tożsamości emocjonalnej. Jednak zastosowanie tej metody może się znacznie różnić w zależności od rzeczywistości kulturowej i językowej każdego pacjenta i terapeuty. W niektórych kontekstach, np. w krajach wielojęzycznych, gdzie nauka drugiego języka stanowi część szkolenia podstawowego, metodę tę można wdrożyć w bardziej płynny sposób. W kontekstach, w których dwujęzyczność nie jest tak rozpowszechniona, np. w Brazylii, brak znajomości drugiego języka może stanowić początkową przeszkodę w natychmiastowym zastosowaniu tej metody.

Aby przezwyciężyć tę trudność, możliwe jest przyjęcie różnych strategii adaptacyjnych, które zwiększają wykonalność Metody MIND w różnych kontekstach:

Używanie powszechnie znanego języka podstawowego : W wielu krajach angielski jest dość powszechnym drugim językiem, nawet na poziomie podstawowym. Dzięki zastosowaniu języka angielskiego jako języka praktyki metoda staje się bardziej dostępna dla szerszego grona odbiorców. Nawet w krajach, w których dwujęzyczność nie jest normą, język angielski, ze względu na swoją międzynarodową rolę, jest często w różnym stopniu znany profesjonalistom i pacjentom.

Tworzenie programów szkoleniowych dla terapeutów : Inną alternatywą jest wprowadzenie podstawowych kursów lub modułów szkoleniowych z zakresu dwujęzyczności terapeutycznej dla specjalistów zajmujących się zdrowiem psychicznym. Kursy te mogą koncentrować się na specyficznych potrzebach językowych Metody MIND, dzięki czemu terapeuci posiadają minimalną wiedzę niezbędną do prowadzenia pacjenta w drugim języku.

Kulturowa i regionalna adaptacja metody MIND : W niektórych kontekstach metodę można zastosować w nieco inny sposób, zachowując zasady emocjonalnego dystansu, restrukturyzacji poznawczej i neuroplastyczności, ale niekoniecznie używając drugiego języka. W tym przypadku terapeuta może zastosować inne strategie, takie jak ćwiczenia wizualizacyjne lub narracja trzecioosobowa, aby promować dystans emocjonalny.

Ograniczenia i możliwości metody MIND w środowiskach jednojęzycznych

Chociaż metoda idealnie wykorzystuje drugi język jako narzędzie dystansujące, w środowiskach, w których dominuje jednojęzyczność, możemy zbadać alternatywne sposoby tworzenia neutralnej przestrzeni emocjonalnej. Na przykład:

Narracja w trzeciej osobie : Poproszenie pacjenta, aby opowiedział doświadczenia w trzeciej osobie („Poczuł się smutny") pomaga stworzyć emocjonalny dystans podobny do używania drugiego języka.

Używanie języka uproszczonego : Nawet w języku ojczystym terapeuta może poinstruować pacjenta, aby używał krótkich i bezpośrednich zdań, zmniejszając obciążenie emocjonalne i promując przeformułowanie doświadczeń.

Chociaż te dostosowania mogą nie zapewniać tego samego poziomu „znieczulenia emocjonalnego", jak używanie języka obcego, nadal zachęcają do mniej reaktywnego podejścia, promując bardziej obiektywną analizę doświadczeń.

Znaczenie dostosowania metody do profilu pacjenta

Każdy pacjent ma wyjątkową relację z dwujęzycznością, a wpływ nowego języka na jego proces emocjonalny może się znacząco różnić. W Metodzie MIND istotne jest, aby terapeuta ocenił poziom komfortu pacjenta w posługiwaniu się drugim językiem, a także wziął pod uwagę poziom płynności i znaczenie kulturowe, jakie ten język może mieć dla pacjenta.

1. Płynni pacjenci dwujęzyczni

W przypadku osób znających drugi język metodę można stosować z większą swobodą, gdzie pacjent ma możliwość zgłębienia złożonych tematów i wykorzystania niuansów wzbogacających terapię. Dla tych osób drugi język nie tylko oferuje nową perspektywę, ale pozwala im zgłębiać emocje i reakcje w szerszy i bardziej szczegółowy sposób, dzięki znajomości języka.

2. Pacjenci na poziomie podstawowym (A1-A2)

Pacjenci z podstawowym poziomem biegłości, takim jak A1 lub A2, mogą doświadczyć korzyści wynikających z emocjonalnego dystansu i prostoty, jakie zapewnia obniżony poziom biegłości. W przypadku tych osób użycie prostego i bezpośredniego języka zmniejsza złożoność wyrażeń, wywołując stan „emocjonalnego znieczulenia" i tworząc kontrolowane środowisko, w którym można w bezpieczniejszy sposób uporać się z intensywnymi emocjami.

3. Pacjenci jednojęzyczni

W przypadku pacjentów, którzy nie mówią drugim językiem, metodę można dostosować tak, aby obejmowała strategie dystansowania emocjonalnego, jak wspomniano wcześniej. Można poinstruować tych pacjentów, aby przyjęli bardziej uważną postawę w stosunku do własnych reakcji, stosując praktyki restrukturyzacji poznawczej i dystansowania się od osoby trzeciej.

Praktyczny przykład: zastosowanie metody MIND na różnych poziomach biegłości

Aby lepiej zilustrować te różnice, przyjrzyjmy się trzem hipotetycznym scenariuszom, w których Metodę MIND stosuje się u pacjentów z różnym poziomem dwujęzyczności:

Pacjent A – dwujęzyczny, biegle włada językiem angielskim i portugalskim

Pacjent używa języka angielskiego do eksploracji bolesnych wspomnień za pomocą różnorodnych wyrażeń i niuansów. Opowiadając po angielsku o doświadczeniu straty, potrafi zachować dystans, gdyż język obcy pozwala jej obserwować wspomnienia z mniejszą reaktywnością emocjonalną. Twoja znajomość języka angielskiego pozwala wyrazić złożone uczucia i głębiej poznać wydarzenie.

Pacjent B – Poziom podstawowy języka hiszpańskiego (A1)

Pacjent, który zna język hiszpański na poziomie podstawowym, pracuje nad restrukturyzacją emocjonalną za pomocą bezpośrednich i prostych zwrotów, takich jak „Byłem przestraszony" lub „To było trudne". Takie podejście pozwala mu radzić sobie z pamięcią bez ciężaru języka ojczystego, zmniejszając obciążenie emocjonalne. Prostota języka tworzy przestrzeń, w której pacjent może zająć się drażliwymi kwestiami bez aktywowania wyzwalaczy emocjonalnych.

Pacjent C – jednojęzyczny w języku portugalskim

W przypadku pacjentów, którzy nie władają biegle drugim językiem, terapeuta dostosowuje Metodę UMYSŁU za pomocą ćwiczeń z narracją w trzeciej osobie i języka obiektywnego. Opisując przeżycie w trzeciej osobie, pacjent zaczyna obserwować własne reakcje, tworząc emocjonalny dystans, który pomaga mu dostrzec swoje uczucia w nowym świetle.

Rozwój i potencjał badawczy metody MIND

Biorąc pod uwagę, że Metoda MIND jest metodą innowacyjną, jej wdrożenie w różnych kontekstach językowych i kulturowych oferuje szerokie pole do badań i eksperymentów. Przyszłe badania mogłyby zbadać takie kwestie, jak:

Porównanie skuteczności różnych języków : Przeanalizuj, czy niektóre języki, w zależności od ich struktury i brzmienia, oferują większy potencjał dystansowania emocjonalnego niż inne.

Wpływ poziomu biegłości : Zbadaj, czy efekt terapeutyczny jest większy u pacjentów z podstawowym czy zaawansowanym poziomem drugiego języka.

Dostosowania do rzeczywistości jednojęzycznej : Poznaj skuteczne strategie odtworzenia efektu dystansu emocjonalnego w kontekstach, w których dwujęzyczność nie jest powszechna.

Język podstawowy jako narzędzie uzdrawiania i transformacji

Metoda MIND proponuje nowe podejście, w którym prostota języka staje się potężnym narzędziem depersonalizacji i restrukturyzacji emocjonalnej. Niezależnie od tego, czy jest to poziom podstawowy, czy zaawansowany, nauka nowego języka daje pacjentowi „nową duszę", która pozwala mu obserwować i reinterpretować doświadczenia i emocje z bardziej odległej i kontrolowanej perspektywy.

Dla niektórych ta transformacja może nastąpić poprzez znajomy drugi język. W przypadku innych metodę można dostosować, tworząc strukturę dystansującą emocjonalnie, która zachowuje zasady Metody UMYSŁU. Ten rozdział otwierający kładzie podwaliny pod tę metodę i zaprasza terapeutów i pacjentów do doświadczenia tego nowego podejścia terapeutycznego z otwartym umysłem i chęcią odkrywania ogromnego potencjału dwujęzyczności jako narzędzia uzdrawiającego.

Scenariusz 1: Nauczyciele języków specjalizujący się w psychoanalizie i terapii poznawczo-behawioralnej

W tym modelu nauczyciel języka — zaznajomiony już z dynamiką nauczania języków oraz strategiami immersji i komunikacji — specjalizowałby się w podstawach psychoanalizy i terapii poznawczo-behawioralnej w celu zastosowania Metody MIND. Wstępne szkolenie w charakterze nauczyciela języka zapewni podstawy do płynnej i pewnej pracy nad dwujęzycznością. Dzięki specjalizacji z psychoanalizy i terapii poznawczo-behawioralnej mógł:

Prowadzenie terapii skupiających się na dwujęzyczności terapeutycznej : Używaj nowego języka jako narzędzia do przeprogramowania emocjonalnego, badając złożone tematy z pacjentem w bezpiecznym i kontrolowanym środowisku.

Poinstruuj pacjenta, jak przeformułować doświadczenia : Wykorzystaj wiedzę z zakresu metodologii nauczania, takich jak Metoda Bezpośrednia i Metoda Mello IC, aby ułożyć proste zdania, które pomogą pacjentowi przeformułować emocje.

Wdrażaj strategie psychoanalizy i terapii poznawczo-behawioralnej : Stosuj techniki psychoanalityczne i poznawczo-behawioralne podczas zanurzenia językowego, pomagając pacjentowi nadać nowe znaczenie doświadczeniom.

Ten typ profesjonalisty zachowywałby się niemal jak „psychoanalityk-lingwista", prowadząc pacjenta w ustrukturyzowanych sesjach terapeutycznych opartych na prostocie języka, zapewniając doświadczenie emocjonalnego uzdrowienia.

Scenariusz 2: Psychoanalitycy i psychologowie specjalizujący się w językach

Model ten zapewnia uzupełniającą specjalizację psychologów i psychoanalityków w zakresie drugiego języka, tak aby mogli oni skutecznie stosować Metodę UMYSŁU. Szkolenie to obejmowałoby nie tylko naukę nowego języka na poziomie podstawowym lub średniozaawansowanym, ale także poznanie praktyk dwujęzycznych stosowanych w terapii, takich jak:

Uczenie się pod okiem dwujęzyczności terapeutycznej : Terapeuci badaliby nie tylko język, ale także sposób, w jaki wpływa on na reakcje emocjonalne. Może to obejmować szkolenie w zakresie wprowadzania pacjenta w alternatywny „język emocjonalny".

Bezpośrednie zastosowanie w procesie terapeutycznym : Psychologowie i psychoanalitycy mogliby włączyć drugi język bezpośrednio do sesji, promując badanie emocji w języku, który zapewnia dystans i zmniejsza ładunek emocjonalny.

Użycie języka jako narzędzia psychoanalitycznego i poznawczego : Znajomość języka umożliwi terapeucie prowadzenie dialogów w nowym języku, stosując techniki psychoanalityczne, takie jak interpretacja i analiza dyskursu oraz techniki CBT w celu restrukturyzacji przekonań.

Ten scenariusz tworzy terapeutę, który opanowuje nie tylko niuanse emocjonalne pacjenta, ale także język dystansu, będąc w stanie prowadzić sesje w formacie dwujęzycznym i z naciskiem terapeutycznym.

Scenariusz trzeci: terapeuta-lingwista-poliglota

Wraz z utworzeniem MIND-Method pojawiła się potrzeba stworzenia nowego profilu zawodowego: **terapeuta-lingwista-poliglota** , profesjonalista hybrydowy, który opanowałby zarówno strukturę językową, jak i podejścia terapeutyczne. Ten profesjonalista byłby w stanie:

Nauczanie języka jako część terapii : Ustrukturyzuj naukę nowego języka jako integralną część procesu terapeutycznego, umożliwiając pacjentowi rozwój nowego „ja emocjonalnego" w tym samym czasie, co nauka.

Dostosuj metodę do różnych realiów kulturowych i językowych : Skorzystaj ze znajomości wielu języków, aby dostosować metodę do potrzeb i preferencji kulturowych pacjenta, promując spersonalizowane doświadczenie lecznicze.

Stosowanie wielowymiarowego podejścia do dystansowania emocjonalnego : Jako poliglota lingwista i terapeuta mógł używać różnych języków, aby tworzyć warstwy dystansu emocjonalnego, oferując pacjentowi szereg narzędzi do badania i przeformułowania emocji w różnych kontekstach.

Ten nowy profil zawodowy wypełniłby ważną lukę w Metodzie MIND, zapewniając kompletne i zintegrowane podejście, w którym nauka języków i terapia łączą się, promując innowacyjny proces leczenia.

Ostateczna refleksja

Te trzy scenariusze – nauczyciel języka specjalizujący się w psychologii, dwujęzyczny psycholog i terapeuta-poliglota-lingwista – reprezentują sposoby rozszerzenia Metody MIND i dostosowania jej do współczesnego scenariusza zdrowia psychicznego. To interdyscyplinarne podejście oferuje szereg możliwości, a każdy scenariusz wzbogaca doświadczenie terapeutyczne w unikalny sposób, oferując pacjentowi bardziej elastyczną i innowacyjną ścieżkę do emocjonalnej autonomii.

Rozdział 11 : Konstrukcja i transfer językowy

Metodologie te, zwłaszcza zaadaptowane do terapii, pozwalają pacjentowi konstruować zdania odzwierciedlające jego własny proces emocjonalny, pozwalając mu obserwować i przeformułować swoje doświadczenia poprzez uproszczony i skupiony dialog. Ten proces stopniowej konstrukcji, oparty na podobieństwach między językami, sprzyja „natychmiastowej rozmowie terapeutycznej", która wykracza poza konwencjonalną naukę języków.

Integracja metody Mello IC z metodą MIND: droga do terapeutycznego wyrażania siebie

W Metodzie Mello IC pacjent zaczyna od podstawowych struktur i stopniowo tworzy zdania, które są zarówno użyteczne funkcjonalnie, jak i znaczące emocjonalnie. Nie tylko tworzy to kanał emocjonalnego dystansu, ale także pozwala mu „przećwiczyć" werbalizację swoich emocji w uproszczony, mniej naładowany sposób, bez konieczności pełnej biegłości w języku. Konstruując zdania typu „Teraz jest to dla mnie możliwe" czy „Wiem, że to, co przeżyłem, było trudne, ale dam sobie z tym radę", pacjent nie tylko uczy się nowego języka, ale także potwierdza swoją własną podróż emocjonalną i zdolność do radzenia sobie z trudnościami. pokonać trudności.

Proces konstrukcji terapeutycznej: frazy jako narzędzia odporności

Metoda ta pozwala terapeucie lub samemu pacjentowi, korzystając z samokształcenia metodą Pimsleura lub Mello IC, skonstruować serię wyrażeń, które stopniowo stają się oświadczeniami odporności i akceptacji. Oto kilka przykładów, jak to może działać w praktyce:

1.   **Zwroty akceptacji** :

„Rozumiem, że życie niesie ze sobą wyzwania".

„Wiem, że jestem w stanie pójść do przodu".

„Możesz czuć smutek, ale mogę znaleźć spokój".

2.   **Pozytywne zwroty potwierdzające** :

„Dziś lepiej radzę sobie z emocjami".

„Mam siłę, by stawić czoła temu, co czuję".

„Nie definiuje mnie moja przeszłość".

3.   **Zwroty dotyczące emocjonalnego oderwania się** :

„Pamiętam, ale nie wpływa to na mnie w ten sam sposób".

„Moje przeszłe doświadczenia są częścią mnie, ale mnie nie kontrolują".

„Rozrastam się ponad to, co mnie zraniło".

Zwroty te, skonstruowane w drugim języku, tworzą bezpieczną przestrzeń, w której pacjent może zwerbalizować swoje emocje w sposób bezpośredni, ale zdystansowany. Stają się prawdziwymi „mantrami odporności", które wzmacniają budowaną nową tożsamość emocjonalną. Pacjent zaczyna ćwiczyć i internalizować te afirmacje, wzmacniając swoją emocjonalną autonomię w języku, który nie niesie ze sobą tak głębokich skojarzeń jak jego język ojczysty.

Rola terapeuty: personalizacja konstrukcji językowej na podstawie przypadku pacjenta

Jeśli terapeuta włada używanym językiem, może dodatkowo spersonalizować rozmowy terapeutyczne, aby odzwierciedlić specyficzne doświadczenia pacjenta. Na przykład zamiast używać ogólnych zwrotów, terapeuta może konstruować proste, bezpośrednie rozmowy, które dotyczą rzeczywistych sytuacji, z jakimi spotyka się pacjent, takich jak:

- „Kiedy byłem w pracy, odczuwałem niepokój, ale teraz już sobie z tym poradzę".
- „Przeszedłem przez coś trudnego, ale uczę się odpuszczać".
- „Rozmowa o moich emocjach pomaga mi poczuć się lżej".

Proces ten tworzy spersonalizowaną komunikację, podczas której terapeuta może monitorować postęp emocjonalny pacjenta w czasie rzeczywistym, wykorzystując język jako bezpośrednie narzędzie terapeutyczne. Tworzone frazy są dostosowywane do kontekstu pacjenta, dzięki czemu proces staje się jeszcze bardziej znaczący.

Samokształcenie metodą Pimsleura lub Mello IC: ścieżka do usamodzielnienia się

Pacjentom, którzy decydują się na samokształcenie, metoda Pimsleur lub Mello IC może zaoferować ścieżkę do usamodzielnienia się. Metody te pozwalają pacjentowi rozwijać się we własnym tempie, samodzielnie budując frazy samoafirmacji i odporności. Praktykując te zwroty, pacjent rozwija także coraz większą zdolność obserwacji własnych emocji i samodzielnego wzmacniania swojej odporności emocjonalnej.

Zaletą samodzielnej nauki jest to, że umożliwia pacjentowi rozwinięcie własnego „słownictwa emocjonalnego", które można wykorzystać zarówno w terapii, jak i w chwilach osobistej refleksji. Z biegiem czasu zwroty te przestają być jedynie konstrukcjami językowymi, a stają się wewnętrznymi wypowiedziami, które promują realną zmianę w sposobie, w jaki pacjent radzi sobie ze swoimi emocjami.

Tworzenie nowej osoby terapeutycznej: „ja", które mówi innym językiem

Konstruowanie zdań w nowym języku pozwala pacjentowi doświadczyć i wzmocnić nową osobę, „ja", które potrafi wyrażać i przetwarzać emocje z jasnością i dystansem. To nowe „ja" jest mniej reaktywne i bardziej świadome, ponieważ zostało starannie skonstruowane w drodze praktyki językowej. Używanie nowego języka do konstruowania wyrażeń akceptacji, potwierdzenia i dystansu pozwala pacjentowi obserwować swoje doświadczenia w sposób bardziej analityczny i mniej afektywny.

Ta „nowa osobowość" ma moc przekształcenia pacjenta, pomagając mu rozwinąć alternatywną tożsamość emocjonalną, która jest bardziej adaptacyjna i odporna. Z biegiem czasu ta nowa osobowość staje się integralną częścią tego, kim jest, ułatwiając emocjonalną autonomię i umiejętność radzenia sobie z trudnościami bez intensywnego obciążenia emocjonalnego, jakie często niesie ze sobą język ojczysty.

Metoda UMYSŁU i siła budowania nowego „ja"

Integracja Metody Mello IC i podobnych metod zapewnia Metodzie MIND praktyczną podstawę, w której konstrukcja językowa i odporność emocjonalna idą w parze. Proces ten pozwala pacjentowi postrzegać naukę nowego języka nie tylko jako narzędzie komunikacji, ale także jako narzędzie uzdrawiania i transformacji. Ucząc się i ćwicząc zwroty odzwierciedlające jego własną podróż, pacjent buduje nową i silniejszą tożsamość emocjonalną, zdolną stawić czoła przeszłości i skierować się w przyszłość z większą swobodą i równowagą emocjonalną.

Takie podejście stanowi prawdziwą rewolucję terapeutyczną, w której prosty, ale potężny konstrukt językowy staje się pomostem do uzdrowienia emocjonalnego.

proces **generatywny** , w którym pacjent jest nie tylko odbiorcą wiedzy, ale **współtwórcą** własnych ekspresji emocjonalnych w nowym języku. Ta umiejętność konstruowania zdań znaczących emocjonalnie, które reprezentują Twój własny proces, ułatwia emocjonalne dystansowanie i przeformułowanie, czyniąc język narzędziem do samopoznania i uzdrawiania.

Dlaczego transfer językowy działa w kontekście terapeutycznym

Transfer języka, w odróżnieniu od metod powtarzania i zapamiętywania, polega na wykorzystaniu własnego rozumowania pacjenta do tworzenia zdań w oparciu o struktury, które już zna w języku ojczystym i przenoszeniu ich na język docelowy. W kontekście terapeutycznym jest to skuteczne z kilku powodów:

Generowanie osobistego znaczenia : Generując własne zdania, pacjent osobiście łączy się z treścią tego, co mówi, tworząc swój własny język emocjonalny w innym języku. Wzmacnia to poczucie kontroli nad własnymi emocjami i pomaga zbudować „ja", które w zdrowy sposób współdziała z Twoimi doświadczeniami.

Wzmacnianie pozytywnych struktur emocjonalnych : Pacjent uczy się konstruować zdania, które potwierdzają jego zdolność do przezwyciężania, odporności i akceptacji. Terapeuta może poprowadzić tę konstrukcję tak, aby każde zdanie stało się potwierdzeniem siły i dbałości o siebie, np. „Jestem w stanie iść do przodu" lub „Rozpoznaję swój rozwój".

Łatwość dostosowania do potrzeb pacjenta : Metoda transferu języka pozwala terapeucie dostosować struktury i zdania do konkretnego przypadku pacjenta. Zamiast pracować ze standardowymi zwrotami, terapeuta może poprowadzić pacjenta do skonstruowania wyrażeń, które bezpośrednio odzwierciedlają jego doświadczenia i wyzwania, dzięki czemu proces jest głęboko spersonalizowany.

Zastosowanie metody w konstrukcji fraz terapeutycznych

Wyobraź sobie sesję, podczas której terapeuta wykorzystuje przekaz językowy, aby pomóc pacjentowi odkryć poczucie straty. Terapeuta może zacząć od prostego, pozytywnego wyrażenia, które pacjent może przyswoić, np. „Mogę iść dalej". Od tego momentu pacjent uczy się generować inne wyrażenia, które odzwierciedlają jego aktualny stan emocjonalny:

Stopniowe przezwyciężanie fraz :

„Uczę się odpuszczać".

„Jestem silniejszy niż moja przeszłość".

„Mogę zaakceptować swoje emocje".

Wyrażenia autonomii emocjonalnej :

„Potrafię odważnie stawić czoła swoim uczuciom".

„Znowu mogę poczuć spokój".

„Moje emocje nade mną nie panują".

Ta aktywna konstrukcja zdań wykracza poza zwykłą naukę języka. Konstruując te wyrażenia, pacjent zaczyna **internalizować koncepcje samowystarczalności i odporności** , które stają się częścią jego nowej tożsamości emocjonalnej.

Rola terapeuty w procesie transferu języka

Aby Metoda MIND w pełni współpracowała z podejściem opartym na transferze języka, terapeuta odgrywa zasadniczą rolę:

Przewodnik po konstruowaniu znaczących zdań : Terapeuta pomaga pacjentowi przekształcić doświadczenia w sensowne zdania. Na przykład, wyrażając niedawne wyzwanie, pacjent może nauczyć się przekształcać to doświadczenie w zdanie twierdzące i stanowcze, takie jak „Przeszedłem przez to, ale teraz jestem silniejszy".

Zachęcanie do procesu refleksji i odporności : Używając języka do tworzenia nowych interpretacji przeszłych wydarzeń, terapeuta prowadzi pacjenta w tworzeniu bardziej wzmacniającej narracji. Na przykład stwierdzenie „Potrafię panować nad swoimi uczuciami" może być dla pacjenta pierwszym krokiem do uznania kontroli nad własnymi emocjami.

Dopasowanie języka do potrzeb emocjonalnych pacjenta : Terapeuta dostosowuje wyrażenia do fazy terapeutycznej pacjenta. Jeśli pacjent nadal odczuwa ostry ból, terapeuta może pomóc w budowaniu wyrażeń wyrażających akceptację i pocieszenie, np. „Nie ma nic złego w takim odczuwaniu", a w miarę postępów pacjenta stopniowo przechodzić do wyrażeń wzmacniających.

Korzyści z transferu języka w metodzie MIND

Metoda transferu językowego zastosowana w MIND-Method zapewnia pacjentowi solidną podstawę do wyrażania się w innym języku, a jednocześnie emocjonalnego dystansowania się od przeszłych doświadczeń. Kluczowe korzyści obejmują:

Tworzenie nowej narracji emocjonalnej : Używając drugiego języka do przeformułowania wspomnień i uczuć, pacjent tworzy „równoległą historię" o własnej przeszłości, w której nie jest już ofiarą, ale uczestnikiem własnej podróży uzdrawiającej.

Świadome powtarzanie w celu wzmocnienia odporności : W przeciwieństwie do gotowych zdań, metoda transferu językowego wymaga od pacjenta zrozumienia każdego wyrażenia i zrekonstruowania go na podstawie własnego doświadczenia, wzmacniając wewnętrznie każde stwierdzenie.

Autonomia wyrażania siebie w nowej „duszy" emocjonalnej : Regularna praktyka wyrażeń skonstruowanych przez pacjenta pozwala mu rozwinąć nową tożsamość emocjonalną, do której będzie można uzyskać dostęp w razie potrzeby. Ta alternatywna „dusza" pełni rolę bezpiecznej przystani, w której może wyrazić siebie bez ciężaru emocjonalnego, który zwykle towarzyszy językowi ojczystemu.

Przykład sesji: Zastosowanie metody MIND w transferze językowym

Poniżej znajduje się przykład tego, jak mogłaby przebiegać sesja Metodą MIND z wykorzystaniem transferu języka:

Temat sesji : Pokonanie bolesnych wspomnień.

Konstrukcja początkowa : Terapeuta zaczyna od prostego, pozytywnego wyrażenia, np. „Mogę pójść do przodu". Pacjent powtarza i internalizuje to zdanie.

Ekspansja i personalizacja : Terapeuta zachęca pacjenta do konstruowania zdań opisujących jego własne doświadczenia. Na przykład:

„To, przez co przeszedłem, było trudne, ale mogę się z tego nauczyć".

„Nie definiuje mnie moja przeszłość".

Przegląd i wzmocnienie : Terapeuta powraca do tych wyrażeń podczas całej sesji, pomagając pacjentowi włączyć te stwierdzenia do narracji o samoprzezwyciężaniu. Proces ten pozwala pacjentowi obserwować swoje emocje z nowej, bardziej wzmacniającej perspektywy.

Moc metody generatora w metodzie MIND

Zastosowanie transferu językowego, jak w przypadku natychmiastowej rozmowy i metody Michela Thomasa, wnosi istotny element do metody MIND: możliwość **wygenerowania przez pacjenta osobistego znaczenia i potwierdzenia własnej odporności emocjonalnej w bezpiecznej przestrzeni językowej** . W procesie tym nie chodzi tylko o naukę języka; chodzi o zbudowanie równoległej narracji emocjonalnej, w której pacjent stopniowo odkrywa, że jest w stanie przezwyciężyć swoje trudności.

Takie podejście wzmacnia także pozycję terapeuty, który staje się facylitatorem w tworzeniu tej bezpiecznej i twórczej przestrzeni. Ostatecznie transfer języka to nie tylko technika uczenia się języka, ale narzędzie transformacyjne, które pozwala pacjentowi doświadczyć, przekształcić i ostatecznie przeformułować swój własny proces emocjonalny w „nową duszę”.

Rozdział 12: Integracja metody Michela Thomasa jako wsparcie dla metody MIND

Wprowadzenie: Uczenie się bez wysiłku jako droga do autonomii emocjonalnej

Metodę MIND opracowano w celu zaoferowania alternatywnej ścieżki do emocjonalnej autonomii, integrując neuroplastyczność, terapię poznawczo-behawioralną i dwujęzyczność. W tym rozdziale przedstawiono wprowadzenie technik inspirowanych metodą Michela Thomasa, mających na celu wzmocnienie procesu nauki drugiego języka, ułatwiając oderwanie emocjonalne. Prostota i nieskomplikowany charakter metody Thomasa sprawia, że podejście to jest kompatybilne z praktykowaniem intuicyjnego, bezstresowego uczenia się skoncentrowanego na wynikach. Integracja ta ma na celu promowanie praktycznego zanurzenia, w którym nauka języka staje się dostępnym i skutecznym narzędziem terapeutycznym.

1. Metoda Michela Thomasa: nauka bez presji i budowanie pewności siebie

Tym, co wyróżnia metodę Michela Thomasa, jest jej swobodne podejście, w którym uczeń nie musi robić notatek ani uczyć się poza sesjami. Upraszcza proces, prowadząc ucznia przez język tak, aby czuł się on w stanie przyswoić sobie język bez ciężaru zadania. To humanizowane podejście jest niezbędne w Metodzie MIND, ponieważ pozwala pacjentom zdystansować się od intensywnych emocji i presji związanej z tradycyjną nauką.

Prostota jako narzędzie terapeutyczne

Thomas pokazał, że uczenie się może być intuicyjne i natychmiastowe, a nauczyciel jest przewodnikiem i jest odpowiedzialny za podróż ucznia. W kontekście Metody MIND, gdzie nauka drugiego języka jest wykorzystywana jako „znieczulenie emocjonalne", ta prostota minimalizuje wpływ ewentualnych frustracji i maksymalizuje efekt emocjonalnego dystansu. Co więcej, metoda Thomasa zakłada progresywną konstrukcję uczenia się, co pozwala pacjentowi czuć się stale wzmacnianym przez ewolucję, bez dodatkowej presji.

2. Zastosowanie praktyczne: podróż pod niskim ciśnieniem do znieczulenia emocjonalnego

Dla uczestników Metody MIND wprowadzenie technik metody Michela Thomasa obejmuje sesje, podczas których nacisk kładziony jest na internalizację języka bez świadomego wysiłku, co ułatwia zdystansowanie się od automatycznych reakcji emocjonalnych. „Znieczulenie emocjonalne" można zoptymalizować poprzez:

Sesje konwersacji z przewodnikiem : Korzystając z intuicyjnego postępu Michela Thomasa, sesje edukacyjne mają strukturę, w której uczeń reaguje naturalnie, zyskując pewność siebie w wypowiedzi, bez skupiania się na sztywnej gramatyce.

Konstrukcja stopniowa i pozytywna : Uczestnik konstruuje zdania pod kierunkiem terapeuty, promując środowisko walidacji i redukując samokrytykę. Ten pozytywny proces wzmacnia pewność siebie i służy jako emocjonalny punkt ucieczki, przestrzeń wolna od osądów i narzucań.

Stymulowanie skupienia na teraźniejszości : Metodologia Thomasa oferuje naukę, dzięki której pacjent koncentruje się na chwili, wzmacniając uważną mentalność, a tym samym zmniejszając wagę natrętnych myśli lub wspomnień, które mogą mieć wpływ na bieżące doświadczenia.

3. Budowanie doświadczenia edukacyjnego w formie terapii

Czerpiąc inspirację z prac Michela Thomasa, Metoda MIND proponuje, aby uczenie się było codzienną praktyką terapeutyczną, w której język pomaga przekształcać automatyczne reakcje. Naturalne, pozbawione stresu podejście zwalcza poczucie niezdolności i bezbronności powszechne wśród osób poddawanych terapii emocjonalnej. Dzieje się to poprzez:

Zwiększona autonomia poznawcza : Zdając sobie sprawę, że może opanować nową umiejętność w zrelaksowany sposób, uczestnik wzmacnia koncepcję autonomii. Przekłada się to na umiejętność patrzenia na wspomnienia i emocje z większą lekkością, postrzegania ich jako zdolnych do transformacji.

Zmniejszenie intensywnego obciążenia emocjonalnego : Nauka języka jest zwykle wyzwaniem; jednakże w podejściu Thomasa staje się to momentem beztroski, w którym powtarzanie i wzmocnienie ze strony terapeuty zapewniają „emocjonalny wytchnienie".

4. Rola terapeuty jako przewodnika i podejście nieprzymusowe

Metoda Thomasa wymaga terapeuty, który pełni rolę facylitatora, który kieruje nauką bez ciężkich korekt, pozwalając pacjentowi na pozytywne odkrycie języka. W ramach Metody MIND terapeuta przyjmuje podobną rolę, pomagając pacjentowi zbadać jego reakcje emocjonalne i wspomnienia za pomocą „znieczulenia" nowego języka, stosując metodę nieprzymusową, aby zachęcić do samowystarczalności.

Takie podejście generuje nową perspektywę emocjonalną, w której pacjent ma poczucie, że kontroluje proces i jest w stanie neutralnie skonfrontować się ze swoimi emocjami. Terapia nie narzuca nagłych zmian; wręcz przeciwnie, tworzy przestrzeń dla emocjonalnej restrukturyzacji, która zachodzi subtelnie i naturalnie.

Integracja uczenia się i autonomii emocjonalnej z metodą Michela Thomasa

Włączenie aspektów metody Michela Thomasa do Metody MIND zapewnia delikatne wsparcie emocjonalne, podczas którego zrelaksowane doświadczenie uczenia się uwalnia pacjenta od poczucia samokrytyki i presji. To intuicyjne, pozbawione presji uczenie się służy jako kontrapunkt dla intensywnych reakcji emocjonalnych, tworząc przestrzeń, w której pacjent może swobodnie badać swoje reakcje emocjonalne.

Metoda Michela Thomasa po zintegrowaniu z Metodą MIND poszerza koncepcję nauczania terapeutycznego, w którym język staje się praktycznym i bezpiecznym emocjonalnie narzędziem budowania odporności i autonomii.

5. Wielojęzyczne zanurzenie i emocjonalne oderwanie się

Łącząc metodę Michela Thomasa z Metodą MIND, proces nauki języka staje się ćwiczeniem bezpiecznego zanurzenia emocjonalnego, zapewniającym wyjątkowe doświadczenie do przewartościowania wspomnień i emocji. Takie wykorzystanie dwujęzyczności ma na celu stworzenie przestrzeni, w której pacjent będzie zachęcany do ponownego odwiedzenia bolesnych doświadczeń, ale z emocjonalnym dystansem wywołanym użyciem nowego języka. Praktyka przypomina „emocjonalny reset", który dzięki lekkości i prostocie metody pomaga pacjentowi spojrzeć na emocje z nowej perspektywy.

Bezpieczne techniki zanurzenia

Sesje zanurzeniowe mogą obejmować następujące elementy metodologii Thomasa:

Konstruowanie i przeglądanie sekwencyjne : Pacjent jest prowadzony w celu konstruowania zdań i przeglądania wspomnień w drugim języku, badając sytuację warstwowo. Unikając języka ojczystego, pacjent doświadcza swego rodzaju „znieczulenia emocjonalnego", podczas którego zmniejsza się ciężar pamięci.

Praktyka myślenia i dialogu w innym języku : Zgłębiając swoje myśli w innym języku, pacjent jest zachęcany do mówienia o swoich doświadczeniach z większą lekkością. Praktyka ta wzmacnia odporność, ponieważ używanie innego języka pomaga pacjentowi oddzielić wspomnienia od intensywnych reakcji emocjonalnych.

Integracja podejścia Michela Thomasa pozwala pacjentowi przejść przez emocje przy wsparciu bezpiecznych podstaw językowych, a jednocześnie zbudować bardziej obiektywny i mniej reaktywny pogląd na własne historie.

6. Stopniowy postęp: budowanie nowego wzorca reakcji emocjonalnej

W całej Metodzie MIND użycie alternatywnego języka daje pacjentowi możliwość przekształcenia swoich wzorców emocjonalnych. Michel Thomas wykazał, że nauka w sposób zrelaksowany, bez ciężaru zapamiętywania i testów, generuje pewność siebie i poczucie osiągnięć. W Metodzie MIND stosuje się to zrelaksowane podejście, dzięki czemu pacjent doświadcza nowych reakcji emocjonalnych na stare bodźce.

Rozwijanie odporności i autonomii emocjonalnej

Stopniowy postęp w nauce języków nie tylko buduje kompetencje językowe, ale także przygotowuje pacjenta do przeprogramowania wzorców emocjonalnych. Niektóre kluczowe etapy tego procesu obejmują:

Kontrolowana ekspozycja na wyzwalacze emocjonalne : Terapeuta, zdając sobie sprawę, że pacjent osiągnął już początkowy stopień komfortu w posługiwaniu się językiem, może w subtelny i kontrolowany sposób wprowadzić drażliwe tematy lub trudne wspomnienia, pozwalając pacjentowi powrócić do tych doświadczeń w mniej emocjonalny sposób stan intensywny.

Refleksja z nowej perspektywy : Omawiając wspomnienia i emocje w nowym języku, pacjent czuje się mniej bezbronny, co pomaga budować dystans psychologiczny i emocjonalny. Z biegiem czasu pacjent zaczyna przyswajać sobie nowy język jako narzędzie umożliwiające bardziej obiektywną refleksję nad przeszłością.

Stopniowe i bezinwazyjne wprowadzanie bolesnych wspomnień w nowym języku przyczynia się do zbudowania nowej osobistej narracji, w której pacjent uświadamia sobie, że można odczuwać i przetwarzać swoje emocje w lżejszy sposób.

7. Ćwiczenia praktyczne: Strukturyzacja uczenia się emocjonalnego poprzez język

Aby utrwalić tę integrację pomiędzy metodą Michela Thomasa i Metodą MIND, wprowadza się ćwiczenia, które pozwalają pacjentowi ćwiczyć język, jednocześnie w bezpieczny sposób eksplorując swoje emocje. Oto kilka przykładów:

Dialogi kierowane na temat osobistych doświadczeń : Pacjent jest proszony o opowiedzenie konkretnego wspomnienia w nowym języku, przy wsparciu terapeuty. W trakcie dialogu terapeuta pomaga pacjentowi w restrukturyzacji i reinterpretacji pamięci, promując nowe skojarzenia emocjonalne.

Powtarzanie z walidacją : terapeuta, zainspirowany metodą Thomasa, wzmacnia proces uczenia się poprzez częste walidacje. Każde skonstruowane zdanie uznawane jest za postęp emocjonalny i językowy, sprzyjający poczuciu samowystarczalności.

Techniki zastępowania słów naładowanych emocjonalnie : W sytuacjach, gdy określone słowa lub terminy niosą ze sobą intensywny ładunek emocjonalny, terapeuta pomaga pacjentowi zastąpić je neutralnymi słowami lub alternatywnymi wyrażeniami. Ćwiczenie to wzmacnia kontrolę pacjenta nad narracją i zmniejsza emocjonalny wpływ wspomnień.

Rola czasu i cierpliwości: tworzenie nowej pamięci emocjonalnej

Michel Thomas bronił poglądu, że nauka powinna być przyjemna i wolna od presji. Metoda MIND przyjmuje tę samą perspektywę, promując podejście stopniowe, w którym czas jest sprzymierzeńcem w konstruowaniu nowej pamięci emocjonalnej. Proces ten wymaga cierpliwości i pozwala pacjentowi dostosować się do własnego rytmu.

Ćwicząc język w środowisku akceptacji i walidacji, pacjent zaczyna kultywować poczucie kontroli nad swoimi emocjami. Ta nowa kontrola jest pierwszym krokiem w kierunku niezależności emocjonalnej i rekonfiguracji automatycznych reakcji.

Wniosek: Nauka języka jako filar transformacji emocjonalnej

Włączenie metody Michela Thomasa do Metody MIND oferuje przystępną ścieżkę do emocjonalnego oderwania się i rozwoju nowych reakcji emocjonalnych. Język staje się nie tylko środkiem komunikacji, ale narzędziem terapeutycznym, dzięki któremu pacjent w sposób progresywny i bezpieczny eksploruje swój własny świat emocjonalny.

Dzięki takiemu podejściu Metoda MIND staje się innowacyjną alternatywą, w której nauka języka i przeformułowanie emocji zbiegają się, aby promować autonomię, odporność i równowagę emocjonalną. Nauka języka nie jest celem samym w sobie, staje się procesem ponownego odkrywania i osobistej rekonstrukcji, zapewniającym pacjentowi narzędzia do osiągnięcia prawdziwej niezależności emocjonalnej.

Rozdział Załącznika: Suplementacja witamin i medycyna ortomolekularna jako wsparcie w stopniowym odstawianiu leków przeciwdepresyjnych

Odstawienie leków przeciwdepresyjnych wymaga starannego planowania, a dodatkowe strategie mogą pomóc zminimalizować niekorzystne skutki tego przejścia. Medycyna ortomolekularna oferuje perspektywę uzupełniającą, sugerując stosowanie witamin, minerałów i zdrowej diety, pomagających w utrzymaniu równowagi chemicznej mózgu i neuroplastyczności, niezbędnych procesach podczas stopniowego zmniejszania dawki leków. W kilku badaniach podkreślono, że określone składniki odżywcze mogą złagodzić objawy odstawienia i promować stabilność emocjonalną (Holford, 2003; Prousky, 2010). W tym rozdziale omówiono zalecane wytyczne ortomolekularne i suplementy, a także praktyki dietetyczne, które mogą przyczynić się do dobrego samopoczucia pacjentów.

1. Znaczenie alkoholizmu w terapii

Należy całkowicie unikać alkoholu podczas procesu odstawiania leków przeciwdepresyjnych, zwłaszcza u pacjentów stosujących deswenlafaksynę. Alkohol zmniejsza skuteczność leków i może nasilić objawy odstawienia oraz skutki uboczne, takie jak lęk i bezsenność (Whitaker, 2010). Pacjenci, którzy utrzymywali abstynencję alkoholową dłużej niż 4–6 miesięcy, zgłaszali lepsze wyniki i znaczną redukcję objawów emocjonalnych i fizycznych związanych z odstawieniem leków. W przypadkach, gdy całkowita abstynencja od alkoholu nie jest możliwa, spożycie powinno odbywać się wyłącznie pod nadzorem i w godzinach, w których pozwalają na to odstępy między podawaniem deswenlafaksyny, minimalizując ryzyko szkodliwych interakcji.

2.   Suplementacja magnezu: potencjał neurouspokajający

Magnez jest minerałem niezbędnym dla zdrowia psychicznego i odgrywa kluczową rolę w stabilizowaniu nastroju i zmniejszaniu stresu. Suplementacja magnezu, zwłaszcza jabłczanu magnezu, może skutecznie łagodzić objawy odstawienia i sprzyjać relaksowi podczas procesu odstawiania leków przeciwdepresyjnych (Ribeiro, 2019). Aby zmaksymalizować korzyści płynące z magnezu, zaleca się łączenie go z naturalnymi źródłami wapnia, takimi jak mleko i jogurt naturalny (450 g, trzy do czterech razy w tygodniu), ponieważ wapń wzmacnia wpływ magnezu na regulację emocjonalną i neurologiczną. Holford, 2003).

3. Witamina D: zwalcza depresję w zimnym klimacie

Witamina D odgrywa kluczową rolę w równowadze psychicznej, szczególnie w okresach słabszego nasłonecznienia, takich jak europejska zima. Badania wskazują, że duże dawki witaminy D (od 10 000 do 40 000 IU) mogą być przydatne w zmniejszaniu objawów depresji (Vieth i in., 2004). Witamina ta pomaga regulować nastrój i wspomaga neuroplastyczność, ułatwiając proces adaptacji mózgu podczas stopniowego odstawiania leków przeciwdepresyjnych. Zalecenie suplementacji dużymi dawkami powinno być stosowane pod nadzorem lekarza w celu monitorowania poziomów i bezpieczeństwa.

4. Witamina C: ochrona przed stresem oksydacyjnym

Witamina C jest silnym przeciwutleniaczem, który przyczynia się do stabilności emocjonalnej poprzez redukcję stresu oksydacyjnego, czynnika, który może się nasilić podczas odstawiania leków psychotropowych (Prousky, 2010). Wysokie dawki witaminy C są zalecane w celu wspomagania regulacji chemii mózgu i pomagania w zwalczaniu uczucia zmęczenia i niepokoju.

5. Protokół Laira Ribeiro dotyczący depresji

Dr Lair Ribeiro proponuje protokół obejmujący suplementację m.in. magnezem, witaminami B i D, kwasami omega-3 i probiotykami. Protokół ten ma na celu zrównoważenie układu nerwowego i zmniejszenie objawów depresyjnych. Według Ribeiro (2019) włączenie tych suplementów może być szczególnie korzystne dla pacjentów pragnących ograniczyć lub zaprzestać stosowania leków przeciwdepresyjnych. Połączenie tych suplementów z dietą bogatą w błonnik i składniki odżywcze zwiększa produkcję neuroprzekaźników, takich jak serotonina i dopamina, które wpływają na dobre samopoczucie i pomagają łagodzić skutki stopniowego odstawiania leków.

6. Zrównoważone odżywianie: podstawa wsparcia emocjonalnego

Suplementacja witamin nie zastępuje zbilansowanej, bogatej w składniki odżywcze diety. Zaleca się spożywanie co najmniej pięciu dużych porcji tygodniowo różnorodnych sałatek, zawierających sałatę, orzechy, grillowanego kurczaka, gorgonzolę, oliwę z oliwek i suszone owoce. Te kombinacje żywności zawierają kwasy tłuszczowe, białka i przeciwutleniacze, które pomagają w stabilizacji nastroju i ogólnym wsparciu zdrowia psychicznego (Prousky, 2010).

Uwagi końcowe

Połączenie suplementów medycyny ortomolekularnej i pożywnej diety może znacząco pomóc w przejściu na życie wolne od leków przeciwdepresyjnych. Jednakże istotne jest, aby cały proces był monitorowany przez wykwalifikowanych pracowników służby zdrowia, ponieważ potrzeby żywieniowe różnią się w zależności od pacjenta i jego reakcji na leczenie.

Odniesienia bibliograficzne

Holford, P. (2003). *Biblia optymalnego odżywiania* . Książki Piątkusa.

Prousky, JE (2010). *Ortomolekularne leczenie depresji, lęku i zaburzeń poznawczych* . Prasa CCNM.

Ribeiro, L. (2019). *Suplementacja w leczeniu depresji: Praktyczny przewodnik* . Wydawnictwo XYZ.

Vieth, R., Kimball, S., Hu, A. i Walfish, PG (2004). Randomizowane porównanie wpływu odpowiedniego spożycia witaminy D3 w porównaniu ze 100 mcg (4000 jm) dziennie na reakcje biochemiczne i samopoczucie pacjentów. *American Journal of Clinical Nutrition* , 80(4), 1131-1137.

Whitaker, R. (2010). *Anatomia epidemii: magiczne kule, leki psychiatryczne i zdumiewający wzrost chorób psychicznych w Ameryce* . Wydawnictwo Korona.

Carney, RM i Freedland, KE (2003). Depresja, autonomiczny układ nerwowy i choroba niedokrwienna serca. *Medycyna psychosomatyczna* , 65(1), 22-35.

Lamberg, L. (2003). Wpływ odżywiania na depresję i stany lękowe. *American Journal of Lifestyle Medicine* , 7(4), 235-241.

Puri, BK i Hakkarainen, C. (2007). Długołańcuchowe kwasy tłuszczowe omega-3 i zdrowie psychiczne: przegląd aktualnej wiedzy. *Acta Psychiatrica Scandinavica* , 115(4), 241-256.

Rozdział końcowy: Pełna integracja metody MIND w celu wspomagania stopniowego odstawiania leków przeciwdepresyjnych

Odstawienie leków przeciwdepresyjnych wymaga wielowymiarowego podejścia w celu ograniczenia działań niepożądanych i zapewnienia bezpieczeństwa pacjenta. Metoda MIND łączy praktyki medycyny ortomolekularnej, terapię poznawczo-behawioralną (CBT), psychoanalizę, naukę języków i monitorowanie psychiatryczne. Poniżej analizujemy, w jaki sposób każdy komponent działa w sposób uzupełniający, aby zapewnić stopniowy i bezpieczny proces przejścia.

1. Wsparcie psychiatryczne i stała obecność lekarska

Wsparcie psychiatryczne jest niezbędne, ponieważ pozwala lekarzowi doradzić w sprawie stopniowego zmniejszania dawki i w razie potrzeby dostosować leczenie (Whitaker, 2010). Monitorowanie to jest szczególnie ważne, aby monitorować wprowadzanie w określonych przypadkach terapii uzupełniających, takich jak marihuana medyczna, w przypadku objawów bezsenności i lęku podczas odstawienia (Lucas, 2012).

2. Terapie wsparcia emocjonalnego: CBT i psychoanaliza

Terapia poznawczo-behawioralna oferuje wsparcie w radzeniu sobie z negatywnymi i automatycznymi myślami, które pojawiają się w okresie przejściowym, natomiast psychoanaliza pozwala pacjentowi poznać źródła swoich emocji. Obydwa podejścia pomagają budować odporność i promują większą autonomię emocjonalną (Beck, 2011; Freud, 1914).

3. Medycyna ortomolekularna i suplementacja w celu zmniejszenia skutków odstawienia

Medycyna ortomolekularna wykorzystuje określone witaminy i minerały, aby zmniejszyć objawy odstawienia i ustabilizować nastrój:

- **Magnez (dimalian, treonian i glicynian)** : Magnez jest niezbędny do łagodzenia lęku i promowania relaksu. Suplementację zaleca się w celu zmniejszenia objawów takich jak drażliwość i bezsenność (Prousky, 2010).
- **Witamina D3** : Wysokie dawki witaminy D3 (cholekalcyferol) pomagają regulować poziom serotoniny i zwalczać objawy depresyjne (Vieth i in., 2004).
- **Omega-3** : Ten niezbędny kwas tłuszczowy ma działanie przeciwzapalne i stabilizujące nastrój, skutecznie zmniejszając objawy depresji i poprawiając funkcje poznawcze podczas odstawienia (Puri i Hakkarainen, 2007).

- **Witaminy z grupy B** : Witaminy B1, B6 i B12 są niezbędne dla zdrowia psychicznego, pomagają w produkcji neuroprzekaźników i łagodzą objawy zmęczenia i stresu (Holford, 2003).
- **Wapń** : W połączeniu z magnezem wapń pomaga w utrzymaniu równowagi mięśniowej i nerwowej, promując stan spokoju i relaksu (Carney i Freedland, 2003).

4. Nauka języka jako dystans emocjonalny i „znieczulenie" psychiczne

Nauka języka tworzy formę „emocjonalnego dystansu" w Metodzie MIND. Praktyka pomaga odwrócić uwagę od natrętnych myśli, oferując formę samokontroli i umożliwiając pacjentowi eksplorację emocji w sposób kontrolowany (Thomas, 2008).

5. Zrównoważona dieta zapewniająca wsparcie fizyczne i psychiczne

Dieta bogata w składniki odżywcze jest niezbędna do utrzymania równowagi fizycznej i emocjonalnej:

- **Warzywa i rośliny strączkowe** : dostarczają minerałów i przeciwutleniaczy niezbędnych dla zdrowia psychicznego.

- **Suszone owoce i orzechy** : bogate w kwasy omega-3, pomagają zmniejszyć stres oksydacyjny w mózgu (Lamberg, 2003).
- **Zdrowe tłuszcze** : Podobnie jak oliwa z oliwek, wspierają zdrowie układu krążenia i regulację nastroju (Lucas, 2012).

6. Aktywność fizyczna: Stopniowe wzmacnianie naturalnej motywacji

Chociaż zalecana jest aktywność fizyczna, uznaje się, że początkowa motywacja może być zmniejszona u pacjentów poddawanych odstawieniu. Metoda MIND proponuje, aby chęć ruchu rozwijała się stopniowo, bez presji, przy założeniu, że zainteresowanie ćwiczeniami fizycznymi powróci wraz z upływem czasu i postępem emocjonalnym (Holford, 2003).

Odniesienia bibliograficzne

Beck, AT (2011). *Terapia poznawcza i zaburzenia emocjonalne* . Międzynarodowa prasa uniwersytecka.

Carney, RM i Freedland, KE (2003). Depresja, autonomiczny układ nerwowy i choroba niedokrwienna serca. *Medycyna psychosomatyczna* , 65(1), 22-35.

Freud, S. (1914). *Zapamiętywanie, powtarzanie i przepracowywanie* . Kwartalnik Psychoanalityczny .

Holford, P. (2003). *Biblia optymalnego odżywiania* . Książki Piątkusa.

Lamberg, L. (2003). Wpływ odżywiania na depresję i stany lękowe. *American Journal of Lifestyle Medicine* , 7(4), 235-241.

Łukasz, P. (2012). Konopie indyjskie jako dodatek lub substytut opiatów w leczeniu przewlekłego bólu. *Journal of Psychoactive Drugs* , 44(2), 125-133.

Prousky, JE (2010). *Ortomolekularne leczenie depresji, lęku i zaburzeń poznawczych* . Prasa CCNM.

Puri, BK i Hakkarainen, C. (2007). Długołańcuchowe kwasy tłuszczowe omega-3 i zdrowie psychiczne: przegląd aktualnej wiedzy. *Acta Psychiatrica Scandinavica* , 115(4), 241-256.

Thomas, M. (2008). *Metoda Michela Thomasa: rewolucja językowa* . Edukacja Hoddera.

Vieth, R., Kimball, S., Hu, A. i Walfish, PG (2004). Randomizowane porównanie wpływu odpowiedniego spożycia witaminy D3 w porównaniu ze 100 mcg (4000 jm) dziennie na reakcje biochemiczne i samopoczucie pacjentów. *American Journal of Clinical Nutrition* , 80(4), 1131-1137.

Whitaker, R. (2010). *Anatomia epidemii: magiczne kule, leki psychiatryczne i zdumiewający wzrost chorób psychicznych w Ameryce* . Wydawnictwo Korona.

O autorze:

Jimmy L. Mello jest specjalistą w dziedzinie zdrowia psychicznego, posiadającym zaawansowane szkolenie w zakresie psychoanalizy klinicznej, terapii poznawczo-behawioralnej (CBT), programowania neurolingwistycznego (NLP) i neuropsychologii, a także doświadczenie w nauczaniu w szkolnictwie wyższym. Dzięki stopniom podyplomowym w każdym z tych obszarów oraz badaniom skupionym na zbieżności podejść psychoterapeutycznych Jimmy bada przecięcia teorii z praktyką kliniczną, zajmując się takimi tematami, jak zdrowie emocjonalne, rozwój człowieka i skuteczność terapeutyczna.

Jego praca obejmuje analizę porównawczą psychoanalizy Freuda i logoterapii Viktora Frankla, a także systematyczne przeglądy terapii poznawczo-behawioralnej w leczeniu ciężkiej depresji. Jimmy opracował także strategie pedagogiczne skierowane do szkolnictwa wyższego, koncentrując się na tworzeniu i zarządzaniu innowacyjnymi kursami z obszaru zdrowia psychicznego i dobrego samopoczucia.

www.ingramcontent.com/pod-product-compliance
Lightning Source LLC
Chambersburg PA
CBHW061340250726
48657CB00004B/1262